JOHANN-GÜNTHER KÖNIG

Bremen

I Hoffmann und Campe I

1. Auflage 2012
Copyright © 2012
by Hoffmann und Campe Verlag, Hamburg
www.hoca.de
Satz: Pinkuin Satz und Datentechnik, Berlin
Gesetzt aus der Sabon
Druck und Bindung: GGP Media GmbH, Pößneck
Printed in Germany
ISBN 978-3-455-50233-6

HOFFMANN
UND CAMPE

Ein Unternehmen der
GANSKE VERLAGSGRUPPE

INHALT

Für Lia Marie, die neue Weltenbürgerin,
die Bremen erleben wird – gemeinsam
mit Lene Mia und Lotte Lea

Der Esel geht voran, heißt es, und Kenner schätzen dieses vermeintlich träge und ungeschickte Tier ob seines Mutes, seiner Besonnenheit und Intelligenz. Hiesige Tourismusförderer wiederum preisen einen ganz besonderen Esel. Und zwar einen, der, weil er *zur Arbeit immer untauglicher ward*, es fertigbrachte, ausgerechnet mit einem Hund, einer Katze und einem Hahn ein Team zu bilden. Besser noch, er sorgte zugleich dafür, dass sich das im Rentenalter befindliche Kollektiv einträchtig *auf den Weg nach Bremen* machte. Also nicht etwa nach Hamburg oder Hawaii – wo es laut einem Schlager *kein Bier* gibt –, sondern nach Bremen, wo bereits seit dem dreizehnten Jahrhundert weithin berühmte Exportbiere gebraut werden. Ein bremischer Chronist vertrat sogar die Auffassung, man habe im Mittelalter *an der See überhaupt von keinem anderen Bier zu sagen gewußt*. Sicher scheint, dass zur Blütezeit der Hanse in sämtlichen ihrer Niederlassungen, also beispielsweise auch in England und Norwegen, das Bremer Bier außerordentlich beliebt war. An der Tyske Brüggen in Bergen floss nachweislich das bremische Gebräu *von allen ausländischen Bieren am meisten vom Zapfen.*

Zugegeben, nach dem Niedergang der Hanse verloren

die Produkte der Bremer Braumeister bis Ende des neunzehnten Jahrhunderts deutlich Marktanteile. Dann aber hoben sie das erste tropenfeste Bier der Welt aus der Maische und beglückten mit den erstmalig grünen Flaschen prompt die ganze Welt. *Beck's Bier löscht Kennerdurst in allen fünf Kontinenten,* verkündete die Werbung vollmundig – und das stimmt sogar heute noch. Wie dem auch sei, während Akademiker, die es einer Arbeitsmarktstudie zufolge in Scharen nach Bremen zieht, die hiesige Kombination aus großstädtischem Angebot bei überschaubarlebenswerten Stadtteilen mit viel Grün und Fahrradwegen schätzen, versprach sich das legendäre Tierquartett Esel, Hund, Katze und Hahn schlicht ein gutes Leben als *Bremer Stadtmusikanten.*

Erzählungen von Tieren, die unter der Führung eines Esels, Pferdes oder Ochsen zusammen auf Wanderschaft gehen, weil sie vom Hof gejagt oder gar geschlachtet werden sollen, waren wie das Bremer Bier bereits im mittelalterlichen Europa (sowie im Orient und in Asien) beliebt. Sie haben eines gemeinsam: Die Wege der in die Fremde ziehenden Tiere führten zu Ställen oder zu weit von der Weser entfernten Zielorten. Seitdem die Brüder Jacob und Wilhelm Grimm 1819 eine ihnen im östlichen Westfalen zugetragene Erzählversion in ihre legendäre Sammlung von *Kinder- und Hausmärchen* aufnahmen, änderte sich die Marschrichtung, ließen die *Bremer Stadtmusikanten* alle bis dahin gepflegten volkseigenen Überlieferungen schlagartig in Vergessenheit geraten.

» Weißt du was«, sprach der Esel, »ich gehe nach Bremen und werde dort Stadtmusikant, geh mit und laß dich auch bei der Musik annehmen.« Wie der Hund auf diesen Vorschlag reagierte, steht im Märchen. Aber welches Bremen hatte der Esel im Sinn? Meinte er womöglich gar nicht die namentlich und schriftlich seit 782 verbürgte Hafenstadt an der Weser? Wollte er etwa in das seit 750 bekannte Bremen in Thüringen ziehen oder alternativ in das seit 1272 erwähnte Bremen im Schwabenland? Zog es den Grauschimmel gar in das zu Grimms Zeiten so beliebte Auswanderungsland Amerika – nach Bremen in Alabama, Georgia, Illinois, Indiana, Kansas, Kentucky, Maine, Minnesota, North Dakota oder auch Ohio? Und in dem Fall natürlich über die bedeutendsten Häfen der europäischen Auswanderungsbewegung, Bremen und Bremerhaven. Nehmen wir einmal an, die vier hoffnungsvollen Stadtmusikanten wären im August 1841 unter jenen Emigranten gewesen, die sich auf einem Segelschiff in Bremerhaven auf die Abreise vorbereiteten. Friedrich Engels, der damals die schlechten Bedingungen an Bord der Schiffe in Cottas *Morgenblatt für gebildete Leser* beschrieb, vermerkte immerhin: *Und auf den bremischen Schiffen ist alles noch am menschlichsten eingerichtet. Wie es den Meisten ergeht, die über Havre gehen, ist bekannt. Wir besuchten nach diesem noch ein anderes, amerikanisches Schiff; es wurde gerade gekocht, und als eine deutsche Frau, die dabei stand, die schlechten Speisen und die noch schlechtere Zubereitung sah, sagte sie unter*

bittern Thränen: wenn sie das gewußt hätte, wäre sie lieber zu Hause geblieben.

Die vier Stadtmusikanten wären zwar gewiss nicht lieber zu Hause geblieben; sie erreichten aber dennoch weder die bremischen Auswanderungshäfen, über die zwischen 1830 und 1974 mehr als sieben Millionen Migranten Europa verließen, noch Bremen selbst. Denn weil sie ihr Ziel *in einem Tag nicht erreichen* konnten, zog es sie zunächst *in einen Wald, wo sie übernachten wollten.* Dort wiederum stießen sie auf ein Räuberhaus, in dem bei einem Blick durchs Fenster von schlechter Zubereitung nichts, von einem *gedeckten Tisch mit schönem Essen und Trinken* jedoch sehr viel zu sehen war. Es dauerte nicht lange, da gelang es dem Tierkollektiv mit einschlägigen Mitteln, die Hausbesitzer zu vertreiben und den Platz an der reichgedeckten Tafel zu besetzen. An ihr sitzen die Stadtmusikanten – wenn sie nicht gestorben sind – heute noch, jedenfalls heißt es, *dass sie nicht wieder herauswollten.* Ansonsten wären sie zweifellos in die Freie Hansestadt an der Weser gekommen, denn sie war zu Grimms Zeiten die einzige Bremen genannte Stadt weit und breit, und in dem Märchen ist an einer Stelle ausdrücklich von der *Stadt Bremen* die Rede.

Bremen ist nicht irgendeine Stadt. Es ist immerhin die einzige deutsche, die in der legendären Märchensammlung der Brüder Grimm in den Rang einer titelgebenden Zufluchtsstätte erhoben wurde. Ebendeshalb hat die Hansestadt den tierisch erfolgreichen Hausbesetzern zahlreiche Denkmäler gesetzt. Die Grimm'schen *Bremer Stadtmusikanten* stehen fotogen in Bronze gekleidet am Westportal des Rathauses (von Gerhard Marcks), erfreuen als Fresko die Gäste des Ratskellers (von Max Slevogt), bereichern den Sieben-Faulen-Brunnen in der Böttcherstraße (von Bernhard Hoetger), schmücken viele andere Örtlichkeiten sowie unzählige Postkarten und städtische Werbematerialien mehr. Was aber passiert, wenn eine belesene touristische Person angesichts der in der Hansestadt allgegenwärtigen vier Gesellen spitz darauf verweist, die Bremer würden aller Welt ein Ammenmärchen über das in fast alle Sprachen übersetzte Grimm'sche Märchen auftischen, sie hätten ja nie in der Stadt aufgespielt. Natürlich passiert nichts Nennenswertes – höchstens, dass eine nicht minder belesene bremische Person entgegnet: *Bischa nich klug* (höfliche Umschreibung von: Du bist dumm). Schließlich traten leibhaftige Bremer Stadtmusikanten spätestens seit 1339 und bis 1751, als sie im städtischen Musikkorps aufgingen, hörbar in Erscheinung. Also längst bevor die Brüder Grimm sie einfach tierisch gut verewigten.

Die Stadtmusikanten begleiteten im Mittelalter Bremer Gesandte nach Deventer und anderswo, spielten auf Staatsempfängen und Hochzeiten und bliesen so manchen Choral von den Kirchtürmen. Da sie offenbar den Ton trafen, drang ihr guter Ruf weit in die Lande – was Wunder, dass in den Erzählungen des Volkes die Wunschvorstellung aufkam, *nach Bremen* zu gehen und als Bremer Stadtmusikant *etwas Besseres als den Tod* zu finden. Vielleicht hatte sich auch herumgesprochen, dass man, wie der hiesige Bibliothekar und einst namhafte Reiseschriftsteller Johann Georg Kohl vermerkte, *in Bremen selten taugliche Subjecte, gutgeschulte und zunftmäßig ausgebildete Musiker fand.* Jedenfalls *contrahirte der Rath gewöhnlich mit einem sich darbietenden und gut empfohlenen Künstler aus der Fremde.* Was übrigens außerhalb der Bremer Stadtmauern nicht ruchbar wurde, waren die nicht ganz so märchenhaften, heute »prekär« genannten Arbeitsbedingungen der Musiker. Sie erhielten nur eine äußerst knapp bemessene Gage und hatten dafür recht beschwerliche Dienste wie das viermal wöchentlich anfallende Abblasen vom Turm der Ratskirche Unser Lieben Frauen zu gewährleisten, was mit einer *so unbequemen Wanderung, wie die steilen Treppen und gefährlichen Leitern in den dunklen Kirchthürmen sie darboten,* verbunden war.

Die echten Bremer Stadtmusikanten, die Stadtpfeifer, sind längst Geschichte. Während die von den Brüdern Grimm popularisierten märchenhaften *Bremer Stadtmusikanten* den Menschen in aller Welt ein Begriff sind, haben die sagenhaften *Sieben Faulen* bislang noch keinen internationalen Ruhm eingespielt. Dabei sind ihnen in der Hansestadt fast so viele Denkmäler gesetzt worden wie den Stadtmusikanten. In der Böttcherstraße sind sie gleich zweimal vertreten – als unübersehbare Giebelfiguren des HAG-Hauses sowie auf dem Brunnen im Handwerkerhof.

Die zum Sendesitz von Radio Bremen im Stephaniviertel führende Faulenstraße gab es freilich schon, als ein windiger Bremer Hauslehrer namens Friedrich Wagenfeld die Sage von den *Sieben Faulen* in die Welt setzte. Seine findige Sage von den *Sieben Faulen* berichtet von einem Bauern, dessen Land in alter Zeit von der heutigen Faulenstraße bis hinunter zur Weser reichte. Es war nass und schlecht, und der arme Landmann musste sich ziemlich abrackern, um seine Frau und die sieben Söhne satt zu kriegen.

Die Brüder genossen in der Nachbarschaft keinen guten Ruf: *Sie schlenderten den ganzen Tag umher, schauten ins Wasser und sahen nach Wind und Wetter, und wenn sie am Mittage nach Hause kamen, hatten sie Hunger wie die Wölfe ...* Und als sie eines Tages aus Langeweile nach Arbeit suchten, wollte sie niemand einstellen – die erwerbstüchtigen Pfeffersäcke schon gar nicht. Ihnen blieb nichts anderes übrig, als ihr Glück in der Fremde zu suchen. Als sie nach einigen Jahren wieder zurückkehrten, rieben sich die Nachbarn verwundert die Augen. Denn die Faulen rackerten plötzlich, was das Zeug hielt. Sie legten Dämme an, entwässerten das feuchte Land, bauten eine Scheune und je ein schönes Haus für sich und ihre Bräute. Waren aus ihnen etwa hart schuftende Männer geworden? – Aber nicht doch: Sie sorgten vielmehr gezielt und findig für eine immer höhere Produktivität, um bald *ohne Mühe den reichen Segen* ihrer *Tücke und Arglist* genießen zu können. Weil sie zu faul waren, immer wieder hinter ihren Tieren herzulaufen, legten sie Hecken an; weil sie zu faul waren, nach jedem Regenguss steckengebliebene Wagen aus dem Dreck zu ziehen, pflasterten sie die Straße; weil sie zu faul waren, das Wasser aus der Weser zu holen, legten sie einen Brunnen an und so weiter und so fort.

Kurz, bremischer kann eine Erfolgsgeschichte nicht sein. Die *Sieben Faulen* verdeutlichen, dass Arbeit nur dazu dient, viel Raum für Kreativität, Phantasie, Kultur- und Naturgenuss zu ermöglichen; sie verdeutlichen zudem, dass zum Bremer Leben schon aus Selbsterhaltungsgründen vorausschauendes und den gesellschaftlichen, kulturellen und wirtschaftlichen Wandel antizipierendes Handeln gehört. *Buten un binnen – wagen un winnen,* »Ohne Risiko kein Gewinn«, lautet das von Otto Gildemeister zugespitzte bremische Motto – es steht seit 1899 in Stein gemeißelt über dem Eingang des Hauses Schütting. Wie wäre es mit einer kleinen Probe aufs Exempel?

Weil die Bremer zu faul waren, für einen erholsamen Waldspaziergang zum weit entfernten Hasbruch zu fahren, gründeten sie einen Verein und legten den Bürgerpark an. Als sie die Liebe zu exotischen Gewächsen packte, schufen sie einen der bedeutendsten Rhododendronparks der Welt, weil sie zu faul waren, unnötig auf lange Reisen zu gehen. Als ihnen das seit jeher gepflegte Musikleben nicht mehr reichte, errichteten sie die Bremer Kunsthalle, weil sie zu faul waren, die Bilder französischer Maler in Paris oder die von deutschen im fernen Berlin zu betrachten. Als die Fußballfans keine Lust mehr auf den ewigen

Deutschen Meister Bayern München hatten, jubelten sie den SV Werder Bremen in die Form einer Spitzenmannschaft, weil sie zu faul waren, für die Bewunderung der Meisterschale weiter als bis zum altstadtnahen Weserstadion pilgern zu müssen.

Weil die Bremer zu faul sind, stumpf an überkommenen Praxen festzuhalten oder bei wirtschaftlichen Problemen in hektische Aktivitäten zu verfallen, probieren sie unentwegt Neues. Die Wege in der Hansestadt lassen sich schon deshalb viel besser als in vergleichbaren Großstädten mit dem Fahrrad meistern, weil die Bremer schlicht zu faul sind, das Klima unnötig zu erwärmen. Als Ende des zwanzigsten Jahrhunderts der Siegeszug der Container die Freihäfen überflüssig machte, waren die Bremer zu faul, darüber allzu viele Tränen zu vergießen. Sie schütteten den Überseehafen einfach zu, deklarierten den Europa- zum Sporthafen und nutzen seitdem die freigewordenen Hafenreviere für eines der größten städtebaulichen Projekte Europas: die Überseestadt. Als zu Beginn des 21. Jahrhunderts die Reedereien neuartig riesige Containerpötte in Fahrt brachten, waren die Bremer zu faul, allein einen für diese Schiffsklasse geeigneten Tiefseehafen anzulegen. Sie einigten sich mit Niedersachsen auf den Bau des 2012 eröffneten *Super-Hafens* in Wilhelmshaven mit dem geographisch etwas verwirrenden Namen Jade-Weser-Port.

Bremen ist eine so weltbekannt märchenhafte wie in Insiderkreisen als sagenhaft gerühmte Stadt. Eine Hansestadt zumal, in der ein erfolgreiches Team von Hausbesetzern ebenso wertgeschätzt wird wie ein nicht minder erfolgreiches Team von schöpferisch-faulen Rationalisierern. So gesehen verwundert es nicht weiter, dass ausdrücklich mit Bremen einer der herausragenden deutschen Literaturpreise verbunden ist. Der seit 1954 vergebene Bremer Literaturpreis wurde von einigen Frei- und Sozialdemokraten initiiert, die der *Unsinnigkeit der Legende, dass Bremen eine amusische Stadt der Pfeffersäcke sei*, einen nachhaltigen Dämpfer versetzen wollten. Wie zielsicher die wechselnden Juroren seitdem ihrer Aufgabe nachgekommen sind, zeigt sich schon daran, dass drei der von ihnen gekürten Autorinnen und Autoren bald darauf den Literaturnobelpreis erhielten: Elfriede Jelinek, Herta Müller und Günter Grass.

Zugegeben, Günter Grass sollte dem einstimmigen Beschluss der Jury zufolge 1959 den Bremer Literaturpreis für *Die Blechtrommel* zwar erhalten, erhielt ihn de facto aber nicht, weil der damalige Bremer Senat die Vergabe wegen sittlich-moralischer Bedenken ablehnte. Dieser aufsehenerregende Vorgang zeitigte mehrere Konsequenzen. Namhafte Mitglieder der Jury traten zurück, der Bremer Literaturpreis wurde 1959 nicht verliehen, und die Stadt zog das Gespött der Feuilletons auf sich. Weil jedoch eine der bremischen Stärken darin besteht, aus Fehlern klug zu werden, sorgte der Senat 1961 dafür, dass die nach dem Bremer Dichter benannte Rudolf-Alexander-Schröder-Stiftung fortan den Bremer Literaturpreis in voller

Souveränität vergeben konnte. Nachdem so einiges Gras über die Sache gewachsen war, bat 1976 der Stiftungsvorstand Günter Grass, in die Jury einzutreten. *Ich habe doch ein wenig auf den Stockzähnen lächeln müssen, als ich über diese Bremer Form von »Wiedergutmachung« las* – kommentierte der bekennende Sozialdemokrat das Geschehen. Er nahm den Ruf in die Jury an, trat aber bald wieder aus. Wer nun glaubt, damit hätte die Causa Günter Grass ihr Bewenden gehabt, kennt die anlassorientierte Sturheit der Weserhanseaten schlecht. Nachdem Grass 1999 den Nobelpreis für Literatur erhalten hatte, hoben sie die Günter Grass Stiftung Bremen aus der Taufe, die seitdem als audiovisuelles Archiv und rezeptionsgeschichtliche Forschungsstelle wirkt und den internationalen Literaturpreis Albatros vergibt.

So viel zum märchen- und sagenhaften Ruf meiner Heimatstadt. Er lässt sich übrigens problemlos um den des Schwankhaften erweitern. *Dreimal ist Bremer Recht* heißt es schließlich. Das seit 1515 auf Hochdeutsch unters Volk gekommene Buch *Ein kurtzweilig Lesen von Dil Ulenspiegel geboren uss dem Land zu Brunswick ...* enthält »Historien«, in denen schadenfrohe Bürger, der Klerus und Kaufleute mit Spott überzogen werden. *Seltsame und spaßhafte Dinge trieb Eulenspiegel* in immerhin drei Historien – *in Bremen.* Zudem wurde Till hier so *wohl bekannt,* dass *ihn die Bürger gut leiden mochten und ihn seiner Streiche wegen bei sich behalten wollten.* Die Hansestadt spiegeln die 68. Historie, die sagt, *wie Eulen-*

spiegel in Bremen von den Landfrauen Milch kaufte und sie zusammenschüttete; die 69. Historie, die sagt, *wie Eulenspiegel in Bremen seinen Gästen aus dem Hintern den Braten beträufelte, den niemand essen wollte,* und die – für den Bremer Bischof wenig schmeichelhafte – 72. Historie, die sagt, *wie es Eulenspiegel fertigbrachte, daß eine Frau auf dem Markt in Bremen alle ihre Töpfe entzweischlug.*

Einem Bremer Kulturverein gebührt die Ehre, ein knappes Jahrzehnt lang an den Spaßmacher erinnert zu haben. Mit dem – undotierten – Till-Eulenspiegel-Preis wurden namhafte Künstler ausgezeichnet, darunter die beiden mit der Hansestadt und dem Sender Radio Bremen eng verbundenen Könner ihres Fachs: Rudi Carrell und Viktor von Bülow, alias Loriot. Der 2011 verstorbene Humorist nahm den Preis 2002 in Bremen *nicht ohne neidvolle Beklommenheit* für sein Lebenswerk entgegen. Denn der Narr, so fügte er hinzu, beschere schließlich seit siebenhundert Jahren die Menschen mit Jugend und altere selbst nicht.

Wenn uns bremischen Landeskindern zu einer Problemstellung nichts mehr einfällt, dann beschwören wir die Formel *Dreimal ist Bremer Recht*, und alles wird gut. Was sie genau ausdrückt, ist zwar schwer zu sagen. Aber was macht das schon? Hauptsache, es hilft und hat geholfen. Im Übrigen gibt es gleich mehrere und entsprechend umstrittene Erklärungen. Eine besagt, dass die Bremer in längst verblichenen Zeiten anderen Städten gegenüber drei Rechte voraushatten: die Ratsherren das des Tragens von Gold und Pelzen, die Kaufleute das auf freie Schifffahrt und die Stadt das auf eigene Rechtsprechung. Heutzutage trifft das Sprichwort *Dreimal ist Bremer Recht* zumal auf heimatkundlich bedeutsame Sachverhalte zu, die zu verklokfideln schon deshalb meine erste Bürgerpflicht sein muss, weil Bremen seit 1827 alles andere als einfach Bremen ist.

1776 bestand für Karl Philipp Moritz' Romanhelden Anton Reiser der *sehnlichste Wunsch* darin, *die Türme von Bremen* zu erblicken. *Der Anblick der Weser – der Schiffe – einer Handelsstadt – beschäftigten seine Seele im Wachen und im Traume.* Zu jener Zeit lebten in der durch Festungsgräben und Stadtmauern eingehegten Freien Reichsstadt rund dreißigtausend Seelen. Für den bremischen Handel, die Seefahrt und die Wirtschaft insgesamt zeichneten sich im Jahr 1776 ungeahnte neue Chancen ab, denn in jenem Jahr erfolgte die Unabhängigkeitserklärung der Vereinigten Staaten. Die Bremer Pfeffersäcke nutzten die sich bietenden neuen Handelsmöglichkeiten – 1795 waren sie im Überseegeschäft mit Nordamerika bereits die führende deutsche Hansestadt. 1782 hatte Carl Philipp Cassel zudem die deutsche ostasiatische Seefahrt begründet. Die Fülle eingeführter Kolonialwaren, die am Bremer Uferhafen Schlachte umgeschlagen wurden – Baumwolle, Leinen, Kaffee, Tabak, Reis, Zucker und andere Rohstoffe mehr –, erwies sich schon deshalb als lohnendes Geschäft, weil sie die Gründung von weiterverarbeitenden Betrieben – vor allem von Tabakmanufakturen – ermöglichte. Der nötige Ausbau der bremischen Handelsflotte wiederum kam den Werften zugute.

Käme der – literarisch ja ewig lebende – Protagonist Anton Reiser in diesem frühen 21. Jahrhundert noch einmal zu Besuch in die Hansestadt, die *ihm schon durch den Klang so merkwürdig geworden* war, würde er vieles nicht mehr so vorfinden, wie es einmal war. Von den Befestigungsanlagen und Stadttoren des achtzehnten Jahrhunderts ist nichts mehr zu sehen, der Uferhafen an der Schlachte dient nicht mehr dem Warenumschlag, und von den vielen Packhäusern mit ihren typischen Flaschenzugdächern sowie den prächtigen Patrizierhäusern haben nur wenige den Zweiten Weltkrieg überstanden. Auch der jahrhundertelang als markantestes Wahrzeichen Bremens wahrgenommene Kirchturm der St.-Ansgarii-Kirche zerfiel 1944 in Schutt und Asche und wurde nicht wieder aufgebaut. Selbst der Name Bremen hätte für Anton Reiser – abgesehen vom Klang, versteht sich – heute eine andere Bedeutung. Denn Bremen ist seit dem frühen neunzehnten Jahrhundert nicht einfach Bremen.

Seit dem Januar 1827, als der vom weitsichtigen Bürgermeister Johann Smidt geleitete Senat dem Königreich Hannover ein für Hafenanlagen geeignetes Gelände an der Wesermündung abkaufte, bezeichnete der Begriff zunächst einmal Bremen mit Bremerhaven. Ab 1880 war es Bremen mit der selbständigen Gemeinde Bremerhaven im Land Bremen. Unter der NS-Diktatur war es ab 1938 Bremen mit nur mehr dem stadtbremischen Überseehafengebiet Bremerhaven, denn ab 1939 wurde die preußische Stadt Wesermünde (ein Zusammenschluss der Orte Lehe und Geestemünde) mit Bremerhaven zusammengelegt, firmierte fortan als Wesermünde und gehörte nicht länger zum Land Bremen, sondern zur preußischen Provinz Hannover. Zum Ausgleich wurde das stadtbremische Gebiet um preußische Orte in Bremen-Nord sowie im Bremer Osten – Arbergen, Hemelingen und Mahndorf – vergrößert. Seit Januar 1947, als die von britischen Streitkräften befreiten Städte Bremen und Wesermünde aus militärischen Gründen zum festen Teil der US-Besatzungszone wurden, fielen unter den Begriff Bremen die Stadt und das Land Bremen. Seit dem Februar 1947, als Wesermünde den Namen Bremerhaven annahm und sich dem Land Bremen anschloss, gehörten zu Bremen die Städte Bremen und Bremerhaven und das Land Freie Hansestadt Bremen (die Überseehäfen in Bremerhaven verblieben im Besitz der Stadtgemeinde Bremen). Seit dem 21. Oktober 1947, als die bremische Landesverfassung in Kraft trat, sind Bremen und Bremerhaven ein selbständiges Land. Seit dem 23. Mai 1949, dem Tag der Unterzeichnung des Grundgesetzes, bilden die beiden Städte Bremen und Bremerhaven das kleinste deutsche Bundesland Freie Hansestadt Bremen.

Bremen – so scheint es – ist ganz schön verwirrend. Mit diesem *schon durch den Klang so merkwürdig gewordenen* Namen lässt sich heute jedenfalls nicht nur Stadt, sondern auch Staat machen. Mit Bremen kann entweder der Zweistädtestaat Freie Hansestadt Bremen mit den Stadtgemeinden Bremen (knapp 550 000 Einwohner) und Bremerhaven (gut 110 000 Einwohner) gemeint sein oder nur die Landeshauptstadt Bremen oder auch beides. Was beschriebe diese landesrechtliche Konstruktion besser als *Dreimal ist Bremer Recht*? Wem das noch nicht verwirrend genug erscheint – kein Problem, wir angeblich so steifen Hanseaten lieben die Verwirrung der Verwirrungen. So wird die kreisfreie Großstadt Bremerhaven von einem Oberbürgermeister geleitet, die viel größere kreisfreie Landeshauptstadt Bremen lediglich von einem Bürgermeister. Da der Bremer Bürgermeister aber zugleich als Präsident des Senats (Ministerpräsident) waltet, obliegt ihm die Staatsaufsicht über das ganze Bundesland

Freie Hansestadt Bremen, also auch über die Stadtgemeinde Bremerhaven. Im Übrigen wirkt der Präsident des Senats im Kreise der Senatorinnen und Senatoren als »Erster unter Gleichen« – beim allwöchentlichen politischen Frühstück im Gobelinzimmer des Rathauses erkennbar an der leicht unterschiedlichen Bestuhlung.

Bremisch verwirrend sind allemal die gemeinwesenartigen Familienverhältnisse. Für die Bremerhavener ist Bremen die Schwesterstadt, für die Bremer ist Bremerhaven die Tochterstadt und Hamburg die Schwesterstadt. Jedenfalls beschwor der namhafte elbstädtische Syndikus Karl Sieveking 1846 bei einer Feier zu Ehren von Bürgermeister Johann Smidt die *Solidarität der eng verbundenen Schwesterstädte*. Die durch Bremen führende Deutsche Märchenstraße wie auch der zukunftssichere Weser-Fernwander-Radweg haben als Endpunkt natürlich nicht das geschwisterlich beneidete reiche Hamburg, sondern die unterhaltsberechtigte bremische Tochter- und Seestadt Bremerhaven. *Wo ein fein auf hören muss,* wie es gut Bremisch heißt – sprich: Worauf man zu achten hat.

Dreimal ist Bremer Recht beschreibt in der ältesten deutschen Seestadt selbstverständlich die entsprechende Möglichkeit von Verständnismöglichkeiten. Weltoffen, wie wir auf globalisierten Handel und Schifffahrt setzenden Hanseaten von jeher sind, betrachten wir die Kenntnis von drei Sprachen als so ziemlich das Mindeste. Hochdeutsch dient in Bremen als vorrangiges Verständigungsmittel. In den von zugezogenen Menschen zur neuen Heimat erkorenen Quartieren werden Muttersprachen aus aller Welt gepflegt; in den alten Kernen eingemeindeter Dörfer sowie im grünen Bremer Gürtel lebt Plattdeutsch fort – schon deshalb sendet Radio Bremen plattdeutsche Hörspiele und Nachrichten. Neben der jeweils am besten beherrschten Mutter- und geschäftsdienlichen Fremdsprache kommt zuweilen der mundgerechte bremische Regiolekt über die Lippen. Ein Nebeneinander von Hoch- und Plattdeutsch, Missingsch eben. *Sutsche piano* (sachte) – Bremisch besteht überwiegend aus leicht verständlichen Zurechtweisungen wie: *Bischa mit'n Klammerbeutel gepudert, muss dich nich ümmer so haben* oder *Hol din Schott* (Halt' die Klappe). Senatsmitglieder pochen auf: *Watt mutt, dat mutt.* Typische Merkmale des Bremischen sind ein häufiger Ausfall des *T*, Kontraktionen wie *dascha'n Ding* sowie Verkürzungen und Abschleifungen. Im Aussterben begriffen ist das – mir zuweilen noch über die Lippen gehende – »S-tolpern übern s-pitzen S-tein«. Im gegenwärtig um sich greifenden Denglisch kommt das nicht so gut …

Nicht zu vergessen die drei bremisch-demokratischen Rechte. Bei uns heißt der Landtag politisch korrekt Bürgerschaft, das Kabinett klassisch Senat, und die Ausschüsse nennen sich Deputationen. Eine Bannmeile um das Rathaus gibt es nicht; sich als bürgernah verstehende Senatsmitglieder lieben ohnehin den begegnungsstiftenden Gang oder die Radfahrt durch die Stadt – selbstverständlich ohne Polizeischutz. Als Altmeister der Kunst

Über den Umgang mit Menschen gilt der Sozialdemokrat Henning Scherf, der von 1995 bis zu seinem Rücktritt 2005 – er wollte nicht *mit den Füßen voran aus dem Rathaus getragen werden* – unzähligen Bürgerinnen und Bürgern sein freundliches *Tach auch, ich bin Ihr Bürgermeister!* kredenzte. Apropos *Über den Umgang mit Menschen*: Der Verfasser dieses 1788 publizierten kritischen Leitfadens zur Lebensphilosophie – eine Benimmfibel wurde das Buch erst durch spätere Umschreibungen – war der Aufklärer Adolph Freiherr Knigge. Der entschiedene Verfechter der französischen Revolutionsideale hatte im August 1790 die in der Hansestadt freigewordene Stelle eines Königlich Großbritannischen Oberhauptmanns eingenommen. Knigge starb am 6. Mai 1796 in Bremen und wurde im St.-Petri-Dom beigesetzt, wo eine Grabplatte ihn in Erinnerung hält.

Nicht zuletzt am Benehmen von Menschen einfacher Herkunft zeigt sich das Niveau der demokratischen Kultur einer Stadt. Dafür steht ein Bremer, der zugleich als Bürgermeister, Bundesrats- und Ministerpräsident sowie als deutsches Staatsoberhaupt diente. Im Juni 2010 bewährte sich den Leitmedien zufolge das *Bremer Arbeiterkind* Jens Böhrnsen in dieser Mehrfachrolle sogar vorzüglich. Der Sozialdemokrat begegnete der Herausforderung in echt hanseatischer Manier: bedächtig und verhalten, bescheiden und höflich. *Dreimal ist Bremer Recht* gilt allemal hinsichtlich auf volle Amtszeiten an der Spitze des Staates gekommener Männer, die hier aufgewachsen beziehungsweise nachhaltig politisch geschult worden sind. Auf eine volle Amtszeit als Bundespräsident brachte es der gebürtige Bremer Karl Carstens. Neben seinem Namen dürfen zwei weitere nicht fehlen: Ebert und Pieck.

Den Sattlergesellen Friedrich Ebert zog es 1891 in die Hansestadt. Im Mai 1894 heiratete er die Kistenkleberin Louise Rump. Wie sich zeigte, noch gerade rechtzeitig, denn fünf Monate später hieß es in einer auf den Ruf der Sozialdemokraten als »vaterlandslose Gesellen« anspielenden Geburtsanzeige: *Ein kleiner Umstürzler ist angelangt.* Um den Lebensunterhalt zu sichern, pachtete der junge Familienvater eine in der Neustadt gelegene Gaststätte. Die zum Zentrum politischer und gewerkschaftlicher Aktivitäten avancierende Restauration *mit Bierhalle und Billard* führte Ebert, bis er 1900 zum Arbeitersekretär berufen wurde und in die Bürgerschaft einzog. Ende 1905 verließ er Bremen. Im Februar 1919 wählte die Weimarer Nationalversammlung Friedrich Ebert zum ersten Reichspräsidenten.

Eine Bronzebüste im Rathaus, ein Bronzerelief im Haus der Bürgerschaft und die Friedrich-Ebert-Straße in der Neustadt erinnern an diesen Politiker, der Bremen als seine *zweite Heimat* bezeichnete. Ein anderes, auf dem Waller Friedhof gelegenes Denkmal erinnert indirekt an den Reichspräsidenten; es ehrt die Gefallenen der Bremer Räterepublik. Friedrich Ebert höchstpersönlich befahl 1919 die militärische Niederschlagung des ab dem 7. November 1918 in Bremen herrschenden Arbeiter- und

Soldatenrats, der am 10. Januar 1919 die Räterepublik proklamiert hatte. Die am 4. Februar 1919 durch Reichswehrtruppen und das Freikorps Caspari erfolgte blutige Eroberung Bremens forderte 75 Tote und viele Verletzte. Das politisch in jeder Hinsicht komplexe Bremer Revolutionsgeschehen – kaum eine andere deutsche Stadt war damals politisch so zerrissen – blieb eine historische Episode. Die mit dem Bremer Literaturpreis ausgezeichnete Trilogie *Die Ästhetik des Widerstands* des in der Hansestadt aufgewachsenen Schriftstellers und Malers Peter Weiss macht die Tage der Bremer Räterepublik unvergessen. Ein kurzer Auszug: *Diese Stadt, sagte mein Vater, in der die Patrizier in den Parkanlagen promenierten, in der die Warenlieferanten zu den geheizten Villen an der Contrescarpe, der Schwachhauser Heerstraße kamen und in der in den Arbeitervierteln gehungert und gefroren wurde, diese Stadt, in der die verzweifelte Entschlossenheit, die Revolution weiterzuführen, mit dem Starrsinn des Althergebrachten konfrontiert wurde, lag nun als Angriffsobjekt auf den Planungstischen der Minister und Generäle … Aber was kann ich dir denn darüber berichten, sagte mein Vater gequält, es läßt sich nicht erklären, was vorging, es raste alles an uns vorbei, es ist alles so anders gewesen, als es dann in den Büchern stand, alles, was uns anging, ist ausgemerzt worden, in den Zeitungen, den Zeitschriften waren nur immer Truppen zu sehn, die ihre Niederlage im Krieg durch den Sieg über das eigene Volk wettmachten.*

Bremen war von 1896 bis 1910 auch die Wahlheimat

des Politikers Wilhelm Pieck. Er kam über Marburg – wo er der SPD beigetreten war – in die Hansestadt und übernahm umgehend politische und gewerkschaftliche Aufgaben. 1898 heiratete er standesgemäß die Tochter eines Bremer Zigarrenmachers. Pieck unterstützte Ebert bei der Vorbereitung des für 1904 nach Bremen vergebenen SPD-Parteitags und trieb die Arbeiterbildungsarbeit voran – herausragende Sozialisten wie Rosa Luxemburg, Karl Liebknecht und Clara Zetkin folgten seinen Einladungen zu Schulungsveranstaltungen in der Hansestadt. 1905 wurde er in die Bürgerschaft gewählt, der er bis zu seinem Fortzug nach Berlin 1910 angehörte. Pieck war 1918 einer der Mitbegründer der KPD; in den zwanziger Jahren zählte er zu den führenden Köpfen der Partei. Ab Oktober 1949 wirkte der in Bremen politisch geschulte Politiker als – erster und einziger – Präsident eines Staates, der seit 1990 nicht mehr existiert.

In einer Hinsicht hat die Formel *Dreimal ist Bremer Recht* unausgeschöpftes Potenzial. Ludwig Quidde ist der bislang einzige Bremer, der mit dem Friedensnobelpreis ausgezeichnet wurde. Er erhielt ihn 1927 gemeinsam mit dem französischen Pazifisten Ferdinand Buisson. Der in einer Bremer Kaufmannsfamilie aufgewachsene mutige Historiker und promovierte Privatgelehrte hatte sich schon in jungen Jahren gegen den Antisemitismus eingesetzt und ab 1894 vehement gegen Kaiser Wilhelm II. und den Militarismus Stellung bezogen. Als bekennender Pazifist wirkte Quidde seit 1902 in der Deutschen Friedensgesellschaft, deren Vorsitz er 1914 übernahm. Neben der Ächtung des Krieges setzte sich der Bremer vor allem für die Friedenssicherung durch internationale Kooperation ein. Bislang benannte Bremen nur eine Straße nach Ludwig Quidde. Ein Denkmal oder eine herausragende Institution, die den deutschen Friedensnobelpreisträger in Ehren hält – Fehlanzeige. Allerdings wurde 1971 mit Karl Holl ein Professor an die Bremer Universität berufen, der zu Recht als »Nestor der deutschen historischen Friedensforschung« gilt und eine beeindruckende Biographie über Quidde vorgelegt hat.

Apropos Denkmal. Damit eine Desertion in Bremen nicht vergessen wird, stiftete 1864 der »Marschendichter« Hermann Allmers ein steinernes Medaillon, das seitdem am Uferweg der Kleinen Weser steht. Die Inschrift: *Johann Gottfried Seume. 1783 wurde der Dichter auf seiner Flucht von Bremer Bürgern gerettet.* Seume gehörte zu den hessischen Söldnern, die nach dem amerikanischen Unabhängigkeitskrieg wieder gen Bremen verschifft wurden. Und wie kam es im September 1783 zur Fahnenflucht? *In Bremen versuchte ich's ... und es gelang mir am hellen, lichten Tage unter ziemlicher Gefahr ... über die Brücke weg, in die Altstadt hinein. Ein guter, alter, ehrlicher Spießbürger mochte mir doch wohl einige Verwirrung ansehen; er kam freundlich zu mir und fragte: »Freund! Ihr seid wohl ein hessischer Deserteur?« – »Und wenn ich denn einer wäre?« sagte ich. »Da muß ich Euch sagen, unser Magistrat hat Kartell mit dem Landgrafen.«*

Der *ehrliche Spießbürger* aus Bremen hatte allen Grund, Seume zu warnen. Er wird sich sicher noch an den Februar 1758 erinnert haben, als auf dem Domshof ein Deserteur gehängt worden war. Dem Fahnenflüchtigen stand an diesem Tag nun nicht nur das Glück, sondern auch die Bremer Bevölkerung zur Seite. Seumes Freund Heinrich Clodius berichtet: *Das gutmütige Volk der guten Stadt Bremen drängte sich als eine Schutzwehr um Seume herum und schob gewissermaßen den Fremdling hilfreich zum nächsten Tore hinaus. Seume, ein trefflicher Läufer, flog wie ein Pfeil.*

Zurück zum Friedensnobelpreisträger Ludwig Quidde. Im Januar 1933, kurz bevor die Nazis die Macht an sich rissen und er ins Exil ins schweizerische Genf flüchten musste, rief er seinen Bremer Landsleuten in Erinnerung: *Ich habe nie aufgehört, mit einem gewissen Stolz mich als geborenen Bremer zu bekennen. Stolz? Worauf? Es ist doch eigentlich ganz unsinnig, auf das, was andere, Vorfahren, Landsleute, geleistet haben, stolz zu sein ... Als eine bezeichnende wertvolle Eigenschaft des hansischen Bürgertums habe ich immer empfunden das Vertrauen auf die eigene Kraft, den Verzicht auf obrigkeitliche Vergünstigung ... Ich habe den Eindruck gehabt, daß ... jeder bremische Bürger etwas von dem echt demokratischen oder republikanischen Bewußtsein hatte, »der Staat sind wir«.*

Das von Quidde hervorgehobene bremische Bewusstsein *der Staat sind wir* kommt nicht von ungefähr. Schließlich kann sich Bremen als älteste noch bestehende deutsche

Stadtrepublik rühmen – und, nach San Marino, als zweitälteste überhaupt. Das Aufrechterhalten politischer und ökonomischer Selbstregulierung gegenüber kirchlichen und außerhalb der Stadt wirkenden weltlichen Kräften lief bis Ende des neunzehnten Jahrhunderts allerdings ohne vom Volk gewählte Politiker ab. Die sich in ihrer Gesamtheit als Wittheit (niederdeutsch für »Weisheit«!) verstehenden Ratsherren wurden bis dahin lebenslang berufen.

Zur ältesten deutschen Stadtrepublik gehören zwingend das städtische Selbstbewusstsein, das Markt- und Münzrecht sowie den bürgerlichen Machtanspruch demonstrierende Symbole. Ein Blick auf das 1409 eingeweihte Bremer Rathaus und den 1404 errichteten Bremer Roland mit seinen spitzen Knien reicht, um zu erkennen, warum sie beide als *einzigartiges Zeugnis* für die Entwicklung bürgerlicher Autonomie von der UNESCO zum Weltkulturerbe erklärt worden sind, das Rathaus sogar als weltweit einziger Rathausbau. Knattert gerade die Speckflagge? Die von rot-weißen Streifen durchzogene, am Flaggenstock doppelt gewürfelte Bremer Landesflagge weht am Rathaus bei festlichen Anlässen. Sie hat ihr Weiß-Rot natürlich nicht vom Speck, sondern von den alten Reichsfarben.

Als 1947 das Bundesland Bremen Gestalt annahm, erschienen die ersten Ausgaben des deutschen Nachrichtenmagazins *Der Spiegel*. Im Jahr 2011, als die griechische und andere Tragödien mehr die Europäische Union erschütterten, hieß es in dem mit der Freien Hansestadt in die Jahre gekommenen Magazin: *Bremen ist für Deutschland, was Griechenland für Europa ist.* Anlass für diesen Befund war die milliardenschwere Schuldenlast des kleinsten deutschen Bundeslandes. Wie auch immer eines Tages die Schuldenproblematik gelöst werden wird – ab 2020 dürfen die Bundesländer keine neuen Kredite mehr aufnehmen –, sogenannte griechische Verhältnisse wird und kann es schon deshalb nicht geben, weil die Bundesrepublik einspringen muss, denn in Deutschland ist ein Bundesland nicht insolvenzfähig. Ganz zu schweigen von der verfassungsrechtlich gebotenen Beistandspflicht aller anderen Bundesländer. Für das Bundesverfassungsgericht gehören die Stadtstaaten ohnehin zum *historischen Bestand der deutschen Staatsentwicklung.* Die alle Jahre wieder thematisierte Neugliederung der Bundesländer (Stichwort: Nordstaat), die im Kern darauf zielt, dem Doppelstadtstaat Freie Hansestadt Bremen die Selbständigkeit zu rauben, in allen Ehren – es hieße Eulen nach

Athen tragen, daran zu erinnern, dass das Grundgesetz in Artikel 29 den Vollzug einer föderalen Neugliederung von der mehrheitlichen Zustimmung der betroffenen Bürgerinnen und Bürger abhängig macht. Auch würde ein Nordstaat vom herkömmlichen Finanzausgleichssystem eher schlechter bedient werden. Vor allem aber käme der maritime Zweistädtestaat in einem überwiegend binnenländisch ausgerichteten Großbundesland wohl unter die Räder, könnte er zumal in dem hochkomplexen Mehrebenengetriebe der Europäischen Union den Bürgerinnen und Bürgern nicht länger die Identität und Gewissheit vermitteln, für die der steinerne Bremer Roland seit 1404 stoisch steht: *Vryheit do ik iu openbar.*

Bislang konnte sich die ehrwürdige Wesermetropole in ihrer langen Geschichte jedenfalls ungebührlichen Territorialansprüchen anderer Mächte immer erfolgreich erwehren. Lediglich Napoleons Besatzern und Hitlers Schergen gelang es, Bremens Freiheit jeweils einige wenige Jahre lang auszuhebeln. Ein höchst vertrackter Auslöser dafür, dass Bremen heute gleichsam keine Handbreit Wasser mehr unter dem Kiel hat, ist das seit der großen Steuerreform von 1970 praktizierte föderale Finanzausgleichssystem. Wenn sich die Steuerverteilung nach der wirtschaftlichen Wertschöpfung richten würde, wäre die Wesermetropole jedenfalls Geber- und nicht Nehmerland. Mit den Worten des Ökonomen Rudolf Hickel: *Die Wirtschaftskraft und damit die originär erzeugte Finanzkraft spiegeln sich am Ende nicht in der ef-*

fektiven Finanzausstattung des Stadtstaats Bremen wider. Vielmehr wird durch komplizierte Instrumente der Verteilung von Einnahmen auf den Bund und die Länder der Stadtstaat Bremen erst einmal arm gerechnet. Kurz, eigentlich ist Bremen reich. Mit bordeigenen Mitteln allein kann die finanzielle Klemme des kleinsten Bundeslandes nicht behoben werden. *Nur eine Lösung für die Altschulden ermöglicht eine tragfähig Lösung der Haushaltsprobleme,* verlautet es aus dem Haus des Reichs an der Contrescarpe, wo die Finanzverwaltung sitzt und ein Paternoster fährt und wo im Treppenhaus die Goldmarie zur Gelassenheit mahnt.

Zur Not hilft eine Prise bremischen Humors. Der einst als Großmeister der Anekdote gerühmte Bremer Autor Karl Lerbs hat eine Geschichte hinterlassen, die trefflich erhellt, welchen Herausforderungen sich die Finanzverwaltung des Zweistädtestaates bis auf weiteres gegenübergestellt sieht:

Der weißbärtige alte Senator E., ein kluger und verdienstvoller Mann, dessen Hang zu puritanisch strenger Wirtschaftlichkeit in seinem nichtamtlichen Daheim zuweilen zum Geiz ausartete, ließ sich den Maurermeister Behnken kommen, um mit ihm Rat zu pflegen.

»Meister«, sagte er, »kucken Sie sich mal die Sandsteinstufe vor meiner Haustür an: die is all ganz hohl.«

»Das kömmt, weil daß da so viele Menschen auf treten«, sagte Meister Behnken nach sachverständiger Prüfung.

»Das hab ich mir auch all gedacht«, versetzte Senator E.

nicht ganz ohne Ironie. »*Nun mein ich: Wenn Sie da nu 'ne neue hinlegten – was könnte das wohl netto kosten?*«

Meister Behnken zog einen Zollstock hervor, maß die Stufe aus, schob seinen Priem von Backbord nach Steuerbord, malte mit dem gipsbedeckten dicken Zeigefinger ein paar Zahlen in die Luft, seufzte und sprach: »*Tschä, Herr Senoter, das käme denn wohl auf sechs Thaler zu stehn.*«

»*Nee*«*, sagte Senator E. entschieden.* »*Nee. Denn will ich Ihnen was sagen: denn graben Sie die alte Stufe einfach aus und drehen se um.*«

»*Das geht nich, Herr Senoter*«*, antwortete Meister Behnken.* »*Das geht pattuh nich.*«

»*Un warum geht das nich?*«

»*Weil daß Ihr Vadder auch all so schlau gewesen is.*«

Der Spiegel stellte 2011 wie nebenbei die alles andere als unschuldige Frage: *Brauchen wir Bremen?* Die erbetene Antwort der Bremer Finanzsenatorin lautete: *Es gibt uns ja nun mal! Und ihr habt etwas davon, dass es uns gibt.* Aber was hat alle Welt konkret davon, dass es den Zweistädtestaat mit Bremen und Bremerhaven gibt? Nun, Bremerhaven punktet beispielsweise mit dem »European Energy Award«, und Bremen darf sich »Hauptstadt des fairen Handels« nennen, weil die Kommune viel dafür tut, dass die Kleinbauern in Entwicklungsländern ein auskömmliches Einkommen erzielen können. Aber warum kleckern, wenn Klotzen kein Problem ist. Die Freie Hansestadt Bremen offeriert eine einzigartige, in über 1200 Jahren gewachsene Vielfalt. Der reisende Künstler

Joachim Ringelnatz verewigte 1924 kaum zufällig die Einschätzung:

Hier gelt ich nix, und würde gern was gelten,
Denn diese Stadt ist echt, und echt ist selten.

Dringend gebraucht wurde das selbständige Land Bremen bei der Gründung der Bundesrepublik Deutschland. Zu den treibenden Kräften, die 1948 auf die Gründung der Bundesrepublik und eine durch den Parlamentarischen Rat zu erarbeitende Verfassungsgebung drängten, gehörte der Bremer Bürgermeister Wilhelm Kaisen. Der legendäre sozialdemokratische Politiker war es auch, der die damals umstrittene Gründung des westdeutschen Teilstaates als Provisorium erleichterte, indem er vorschlug, das geplante Regelwerk nicht Verfassung, sondern Grundgesetz zu nennen. Bei den Verhandlungen der Ministerpräsidenten mit den Militärgouverneuren sorgte Kaisen zudem für den entscheidenden Durchbruch, der die Einberufung des Parlamentarischen Rates ermöglichte. Bundeskanzler Konrad Adenauer, gewiss kein Sozi, sagte über den bis zum Juli 1965 regierenden Präsidenten des Bremer Senats: *Einer derjenigen Politiker… die durch unermüdliche Arbeit mithalfen, die Voraussetzungen für eine neue staatliche Ordnung in Deutschland zu schaffen, war Bürgermeister Kaisen.* Bei der Gründung des föderalen Bundesstaates spielte Bremen offensichtlich eine maßgebliche Rolle, wurde es gebraucht.

Dass die Hansestadt selbst heftige Strukturkrisen zu meistern versteht, ist ziemlich einzig. So lebt Bremen nicht mehr von den Großwerften AG Weser und Bremer Vulkan, die bis Ende des zwanzigsten Jahrhunderts Zehntausenden Menschen Arbeit gaben und dann »abgewickelt« wurden. Bremen lebt nicht mehr von legendären Groß- und Linienreedereien wie dem Norddeutschen Lloyd oder der DDG Hansa – selbst die im frühen 21. Jahrhundert einen Moment lang Weltgeltung behauptende Schwergutreederei Beluga ist schon wieder zerschlagen und zu einer Fußnote der Schifffahrtsgeschichte abgesunken. Bremen lebt schon gar nicht mehr von den einst gerühmten Nordmende-Werken und der Bremer Wollkämmerei in Bremen-Nord. Ganz zu schweigen von der einmal größten europäischen Brinkmann'schen Zigarrettenfabrik, deren Überbleibsel jüngst verglimmten. Wobei ich entgegen allen Rauchverboten kurz einflechten muss, dass die Tabakbranche gut hundertfünfzig Jahre lang erheblich zur hiesigen Wohlstandsmehrung beitrug. Zur Erinnerung an den einmal sehr bedeutenden Industriezweig steht am Buntentorsteinweg in der Neustadt die Bronzeplastik *Die Zigarrenmacher* von Holger Voigts. Wer sie betrachtet, sollte wissen, dass die Männer vom Buntentor fast vierzehn Stunden täglich Zigarren drehten und dennoch *aame Deubel* blieben. Eben deshalb »rollten« sie im Jahr 1849 gleichsam eine der ersten deutschen Gewerkschaftsorganisationen an den Start.

Brauchen wir Bremen? Läuft diese Frage etwa darauf hinaus, meine so märchenhafte wie erfinderische und ehrbar kaufmännisch kalkulierende Heimat als vermeintliche Konkursmasse auf den Markt zu werfen? Hoffen womöglich die reichen Länder Baden-Württemberg oder Bayern im Stillen, Bremen dereinst gegen einen symbolischen Cent wie ein Schnäppchen in die Tasche zu stecken? Grund genug hätten sie, denn die bremischen Häfen mehren ihren Reichtum. Fast jeder fünfte Arbeitsplatz Bremens dient dem Güterumschlag – und zwar nicht zuletzt dem der deutschen Exporteure aus den sogenannten Musterländern.

Die Freie Hansestadt bildet die siebtgrößte deutsche Industrie- und eine maßgebliche Hightech- und Wissenschaftsregion. In Stadtteilen wie Burglesum, Gröpelingen und Walle, der Neustadt und Woltmershausen, in Horn-Lehe und Hemelingen sowie in Bremerhaven lässt sich das ausreichend hören, riechen und in Augenschein nehmen (einige Unternehmen bieten über die Touristikzentrale Besichtigungen an). Der größte private Arbeitgeber ist die 2011 als bestes Pkw-Produktionswerk Europas ausgezeichnete Fabrik von Mercedes-Benz. Bremen gehört bereits seit 1906 zu den deutschen Hochburgen des Automobilbaus. Zwar gab es 1961 nach der wohl unabwendbaren Pleite des zu jener Zeit viertgrößten deutschen Automobilherstellers Carl F. W. Borgward eine kleine Überbrückungspause, in der nur Transporter gebaut wurden. Aber das Verhandlungsgeschick des langjährigen Bürgermeisters Hans Koschnick sorgte ab 1978 wieder für ausgelastete Produktionshallen. In Sebaldsbrück laufen seitdem jede Menge Pkw »made in Bremen« von den hocheffizient betriebenen Bändern – nur eben mit einem Stern, nicht mit Borgwards Raute drauf.

In Houston, Toulouse und sogar Hamburg, wo *Der Spiegel* zu Hause ist, arbeiten Leute, die wie aus der Startrampe geschossen zu sagen wissen, dass Bremen zu den international führenden Raum- und Luftfahrtzentren gehört. Die im Weltraum kreisende Raumstation ISS wurde hier mitgebaut, und die Entwicklungsleitung für das Weltraumlabor COF liegt wohlweislich in bremischen Händen. Raumfahrtprodukte wie Galileo-Satelliten, das ISS-Modul Columbus oder Antriebsbauteile für die Rakete Ariane stammen ebenso aus bremischer Produktion wie wichtige Module für Airbus-Flugzeuge. Im bei der Universität angesiedelten Technologiepark Bremen entwickeln Tausende Hightech-Spezialisten und Wissenschaftler alle möglichen Dinge und Verfahren, über die ich mir schwer ein Urteil bilden kann. Hiesige Wirtschaftsförderer kriegen sich jedenfalls gar nicht mehr ein, wenn sie beschreiben sollen, was Wirtschaft, Forschung und Lehre – neudeutsch: die Community of Science and Economy – im Technologiepark alles auf die Beine gestellt haben: *einen ständig wachsenden und in sich immer dynamischer werdenden Brain-Pool auf dem Hightech-Sektor. Ein Hochkonzentrat an Know-how und Kompetenz.*

Und was überragt die Universität, für die Projektstudium und Interdisziplinarität von Beginn an kein

Fremdwort waren, und den Technologiepark? Ein gut hundertfünfzig Meter hoher Fallturm – das in der Welt fast einmalige Großlabor zur Erforschung von Schwerelosigkeit. Die in den siebziger Jahren gegründete und von Bremen allein finanzierte Universität genießt in der deutschen und europäischen Forschungsgemeinschaft einen exzellenten Ruf. In diesem forschungsgesättigten Bild agieren zahlreiche weitere, sowohl gewerblichen wie Forschungszwecken dienende Parks und Hochschulen – darunter die älteste Seefahrtsschule Deutschlands. Neben der in Bremen-Nord angesiedelten privaten und nur englischsprachigen Jacobs University gedeiht der Bremer Science Park.

Die neue Airportstadt am drittältesten deutschen Flughafen im Neuenlander Feld – es wurde ab 1909 zunächst von dem Bremer Verein für Luftschiffahrt genutzt – wäre auch ein tolles Schnäppchen. Diese Gegend am Rand der Neustadt beflügelt Aerodynamiker und Leichtbauspezialisten bereits seit über einem Jahrhundert. Drei Beispiele: Der erste tatsächlich senkrecht startende und leistungsfähige Hubschrauber der Welt, so hieß es lange, sei von dem US-Ingenieur Igor Sikorsky erfunden und erprobt worden. Er selbst korrigierte diese Darstellung in seinen Lebenserinnerungen. Es war der Bremer Ingenieur Henrich Focke, der diese Leistung vollbrachte. Im Juni 1936 hob sein Hubschrauber FW 61 auf dem Neuenlander Feld zum Jungfernflug ab. Ein Jahr später, im Juli 1937, erfolgte der Erstflug des von den Bremer Focke-Wulf-Werken entwickelten Passagierlangstreckenflugzeugs FW 200. 1938 legte diese Condor gerufene viermotorige Maschine als erstes Verkehrsflugzeug der Welt die 6372 Kilometer lange Strecke von Berlin nach New York nonstop zurück. Das in der Nachkriegszeit erste deutsche, ausschließlich in Bremen gebaute zweistrahlige Kurzstreckenpassagierflugzeug, die zweistrahlige VFW 614, war eine weitere Spitzenleistung. Die innovative und sparsame Maschine hob im Juli 1971 zu ihrem Jungfernflug über Bremen ab und symbolisierte die Aufbruchstimmung der sich damals wieder entwickelnden deutschen Luftfahrtindustrie.

Für einen nur symbolischen Kaufpreis würden die Baden-Württemberger oder Bayern sicherlich liebend gern das Güterverteilzentrum übernehmen. Das verkehrstechnisch günstig im Hinterland der Neustädter Häfen gelegene GVZ ist gewiss verlockend. Die zahlreich hier angesiedelten Unternehmen der Logistikbranche steuern und nutzen diese international hochgelobte Schnittstelle im intermodalen Güterverkehr gleichsam im Sekundentakt. Das von der BLG Logistics Group bewirtschaftete Hochregallager ist das größte in Europa. Und dann wäre da noch die frisch aus der Taufe gehobene Überseestadt – aber das ist ein boomendes Kapitel für sich.

Die Frage *Brauchen wir Bremen?* scheint mir schlicht falsch gestellt. Wie wäre es mit: *Was brauchen wir von Bremen?* So schauten zum Beispiel viele Städte genau hin, als 1890 während einer aufwendigen Gewerbeschau eine elektrische Versuchsstrecke vom Ausstellungsgelände am herrlichen Bremer Bürgerpark zum Markt gelegt wurde. Zum Test kam erstmals das Thomson-Houston-System, das heißt, der Strom wurde revolutionär neuartig aus einer Oberleitung zu den Motoren übertragen. Zum Erstaunen der Zeitgenossen bewährte sich der Betrieb – prompt beschlossen die zuständigen Herren, ein Stadtnetz aufzubauen. Die erste Strecke, die von der Bremer Straßenbahn (AG) elektrifiziert wurde, ging im Mai 1892 in Betrieb. Andernorts nahmen die Herren zur Kenntnis, dass Bremen einen Schritt voraus war. Die Freie Hansestadt steht seitdem als Geburtsstadt der ersten europäischen elektrischen Straßenbahn mit Oberleitungsbetrieb in den Annalen. Rund hundert Jahre später wurde in Bremen erneut Fahrzeuggeschichte geschrieben. 1990 kam die erste von der BSAG mitentwickelte Niederflurstraßenbahn der Welt in Fahrt.

Kurz, die Freie Hansestadt wird gebraucht, weil sie Neues versucht, einzigartig ist und Einzigartiges zu bieten hat, was wiederum von ihr gebraucht wird. Von jeher auf internationalen Handel, Wissensaustausch und das Probieren von Neuem ausgerichtet, punktet Bremen mit kurzen Wegen, zeitgemäßen Häfen, kompetenten Logistikdienstleistern, führenden Forschungseinrichtungen, experimentierfreudigen Hochschul- und Kultureinrichtungen sowie einer vielfältigen Produktionswirtschaft. Vor allem aber empfiehlt sich das Land als ideal dimensioniertes Zukunftslabor für eine lebens- und liebenswerte, nachhaltig gepflegte Umwelt; für ein diskriminierungsfreies, faires soziales Miteinander. Das Zukunftslabor Bremen, da bin ich mir sicher, wird dringend gebraucht.

Es ist schon ein Weilchen her, da lautete das beflügelnde Wort hierzulande: *Bremen – Schlüssel zur Welt.* Und, mit dem notorischen Seitenblick auf die mächtige Schwester mit dem für stolze Bremer unaussprechlichen Namen: *Hamburg ist das Tor zur Welt, aber wir Bremer haben den Schlüssel dazu.* Da nur Bremen über den Schlüssel verfügt, sieht sich zumal das in Hamburg erscheinende Wochenblatt *Die Zeit* gezwungen, ihn als Erkennungszeichen zu verwenden. Was auch immer passiert, den Schlüssel, genauer gesagt den Schlüssel Petri, führte Bremen schon in Siegel und Wappen, als es noch keinen föderativen Bundesstaat gab. Seit 1366, um genau zu sein. Petrus ist der Schutzheilige der Stadt, des Doms und des ehemaligen Erzbistums, von dem nun die Rede sein wird.

Als Freie Hansestadt Bremen rühmt sich die Wesermetropole nicht etwa bereits seit 1358, als sie von den anderen Hansestädten auf einer Tagfahrt (Versammlung) in Lübeck zur Mitgliedschaft in der Hanse genötigt wurde, sondern erst seit 1806, als sich das Heilige Römische Reich Deutscher Nation aufgelöst hatte. Apropos Ruhm. Gerühmt wird Bremen unentwegt seit rund tausend Jahren. Erst als Rom des Nordens, dann als Reich von märchenhaftem Ruhme und heute als innovative Hightech- und Hafen-Metropole mit hoher Lebensqualität. Was übrigens im Großen und Ganzen auf dasselbe hinausläuft, einschließlich der damit verbundenen Schulden. Die Erkenntnis von Oscar Wilde: *Nur wer seine Rechnungen nicht bezahlt, darf hoffen, im Gedächtnis der Kaufleute weiterzuleben,* gilt in Bremen auch schon seit tausend Jahren. Empfindlich ins Geld gingen ab 1043 die ambitionierten Projekte von Erzbischof Adalbert. Durch die, wie ein Zeitzeuge beklagte, *verfluchenswerthe Habsucht der Beamten* verarmten die außerhalb der Domburg lebenden Menschen dramatisch – konnten viele Rechnungen nicht beglichen werden, zogen viele Händler mittellos ab. In der Folge reifte unter den Kaufleuten und Handwerkern der Entschluss, die landesherrschaftliche Macht der Erzbischöfe zu brechen.

Aber gemach. Bremen entstand auf und an einem bis zu dreizehn Meter hohen Dünenrücken. Dieser hochwassergeschützte Saum wurde bereits in grauer Vorzeit zur Heimat von Fischern und Viehzüchtern. Wie groß die bremische Siedlung auf der Düne war, als Karl der Große in den Sachsenkriegen das Territorium bis zur Nordseeküste erobern und missionieren ließ, ist schwer zu bestimmen. Fest steht, dass sie 782 beim Eintritt in die überlieferte Geschichte ein Tatort war, denn die in Bremen lebenden Sachsen hatten offenbar etwas gegen ihre Zwangsmissionierung. Sie ermordeten den Priester Gerwal samt Glaubensgenossen, und die Christen um den Missionar Willehad flohen stante pede. Viel weniger brutal als damals geht es zwar in den seit 1997 von der ARD ausgestrahlten Bremen-*Tatorten* auch nicht zu. Aber das ist ja nur Fiktion.

Nachdem Willehad 787 zum Bischof geweiht worden war, sandte ihn Karl der Große in den inzwischen gewaltsam befriedeten bremischen Sprengel, der zwei Jahre später zum Bistum reüssierte. Es dauerte nicht lange, da entstand ein palisadenbewehrter Steinbau auf dem höchsten Punkt der Düne, zog die zwischen dem geistlichen Bezirk und der Weser liegende Siedlung immer mehr Handwerker und Händler an. Spätestens ab 849, als der von den Dänen aus Hamburg vertriebene Erzbischof Ansgar das Bremer Bistum gezielt ausbaute und die Missionierung des Ostseeraums vorantrieb – ab 888 kamen die königlichen Rechte der Verfügung über Markt, Münze und

Zoll hinzu –, dauerte es nicht mehr lange, bis sich Bremen zu einem namhaften Sitz geistlicher Reichsfürsten, zum nördlichen Kirchenzentrum entwickelte.

Insbesondere die enge Anbindung an das mittelalterliche Reich der Ottonen zahlte sich für die Erzdiözese Bremen(-Hamburg) sowie für die Kaufmannschaft der sich zur Stadt mausernden Siedlung aus. Sie gewährte weitere wirtschaftliche Privilegien, den Schutz königlicher Immunität und nicht zuletzt die Gerichtsherrschaft. Nach der Jahrtausendwende und einigen Überfällen durch dänische Wikinger nahm auch die bauliche Entwicklung Fahrt auf. Als 1035 Kaiser Konrad II. dem Erzbistum einen zweiten Markttermin im Herbst neben dem Jahrmarkt zu Pfingsten zugestand, startete er – freilich unbeabsichtigt – zugleich eines der ab dem neunzehnten Jahrhundert bedeutendsten deutschen Volksfeste, den Bremer Freimarkt.

Für Carlo M. Cipolla bilden die Jahre nach 999 den *turning point* in der europäischen Geschichte. Hauptrollen spielten ihm zufolge Petrus der Eremit und der Bremer Bischof, der 1108 angeblich verkündete: *Die slawischen Völker sind abscheulich und nichtswürdig, ihre Länder sind reich an Honig, Korn und Wild! Wendet euch gen Osten, ihr jungen Rittersleut!* Die Folgen waren dem Wirtschaftshistoriker zufolge immens, denn *der schreckliche Bischof … begründete so den Drang nach Osten, der zur deutschen Eroberung der Länder jenseits der Elbe führte und schließlich zur Gründung des Preußischen Staats.* Einschlägigen Amtsdaten nach meint Cipolla wohl Erzbischof Friedrich. Der Geistliche lockte holländische Siedler in die unwirtlichen Wesermarschen, die sie prompt entwässerten und urbar machten (die Namen Holler- und Blockland erinnern daran). Einen großen *Drang nach Osten* entwickelte der Begründer der hochmittelalterlichen Binnenkolonisation aber nicht. Obwohl Cipolla seine köstliche Studie über *die Rolle der Gewürze (insbesondere des Pfeffers) für die wirtschaftliche Entwicklung des Mittelalters* als heitere Parodie versteht, gab es in der Bremer Domburg tatsächlich einen Erzbischof, der das kleine Bremen ab 1043 machtvoll in das Weltgeschehen rückte – der schon erwähnte Adalbert. Den Bremer Erzstuhl verdankte er Heinrich III., mit dem er Feldzüge in den Osten unternommen hatte. Als Missionar war der ehrgeizige Kirchenfürst zweifellos zupackend, und so erstaunt es nicht, dass Papst Leo IX. ihn 1054 zum Vertreter des Heiligen Stuhls für alle Völker Skandinaviens einschließlich Island und Grönland sowie der zwischen Elbe und Peene lebenden Slawen ernannte. Adalbert, der Bremen zur Schaltzentrale der zu jener Zeit weltgrößten Kirchenprovinz machte und dabei zweifellos den *Drang nach Osten* forcierte, starb im März 1072.

Wie es der historische Zufall zuweilen will, hatte Adalbert einen Kleriker zum Leiter der Domschule berufen, der als Magister Adam von Bremen mit der *Gesta Hammaburgensis ecclesiae pontificum* wahrlich Geschichte schrieb. Die Schrift gilt als hervorragendes historiographisches Zeugnis des elften Jahrhunderts. Eine schier bahnbrechende Erkenntnis birgt sie auch. Adam hielt für die Nachwelt fest, dass Amerika, genauer: Neufundland, nicht von Columbus (der lebte ja noch nicht), sondern von Leif Eriksson entdeckt worden war. Wenn in der Böttcherstraße das Glockenspiel erklingt und im angrenzenden Mauerturm nacheinander zehn geschnitzte Tafeln mit farbigen Reliefbildern berühmter Ozeanbezwinger zum Vorschein kommen, dann zeigt gleich die erste, was mindestens ein Bremer schon im elften Jahrhundert wusste. Im III. Buch seines Werks liefert Adam eine Biographie seines Chefs Adalbert, die erfrischend unparteiisch verfasst ist. In der 1825 publizierten Übersetzung des Bremer Gelehrten Carsten Miesegaes wird das an einer Stelle sehr deutlich: *Mir scheint es gefährlich zu seyn, einem, in seinem Leben durch Schmeicheleyen schon verdorbenen Menschen, auch nach seinem Tode schriftlich oder mündlich noch schmeicheln zu wollen.*

Adam beschreibt den Erzbischof als einen zu Beginn seiner Amtszeit zwar rastlosen Organisator, aber auch als einen, der das Wohl von *parvula Brema* noch im Auge behielt. Ja, er suchte sogar nach möglichst einprägsamen Formulierungen, um Adalberts Leistungen möglichst angemessen ins ewige Licht zu rücken: *Er benahm sich so liebreich, so freygebig, so gastfrey, so begierig nach dem Beyfalle Gottes und der Menschen, daß das kleine Bremen durch seine Verdienste wie Rom berühmt und von allen Gegenden der Erde, besonders von den nordischen Völkern andachtsvoll besucht wurde.*

Leider vertrug das kleine, *wie Rom berühmte* Bremen das von Adalbert verheißene goldene Zeitalter überhaupt nicht – woran auch die frühen nordischen Touristen nichts änderten. Seine Politik überstieg die Kräfte des Erzbistums gewaltig, und die bremischen Römer des Nordens litten die Not hemmungslos ausgeplünderter Kirchenmäuse. Nicht zuletzt der Ausbau des Doms nach italienischem Vorbild lastete schwer. Adam von Bremen urteilte ernüchtert: *Kaum mag ich es sagen, welch eine große Sünde es ist, die Armen um das Ihrige zu bringen, welches in einigen canonischen Verordnungen Kirchenraub, in andern Menschenmord genannt wird.* Hilfe leisteten schließlich die Skandinavier. Die 1104 erfolgte Gründung des Erzbistums Lund stutzte das in kurzer Zeit zum weltgrößten Erzbistum aufgestiegene Bremen wieder ins Normalmaß einer abgelegenen Diözese. Nur der Domausbau blieb auf der Tagesordnung. Als er zu Beginn des sechzehnten Jahrhunderts endlich fertiggestellt war und ungefähr das heutige Erscheinungsbild hatte, verdarb allerdings die Reformation die Freude über das Erreichte. In der Folgezeit verfiel der Dom und sah ziemlich lange ziemlich hässlich aus.

Die Reformation erreichte die Hansestadt 1522 in der Person des Augustinermönchs Heinrich von Zütphen – gut fünf Jahre nachdem Luther seine Thesen an die Kirchentür geschlagen hatte. Als der Reformator die noch rein katholische Hansestadt betrat, lagen die Bürger schwer mit der Domgeistlichkeit über Kreuz – schon deshalb beeindruckte die Bürger über die Maßen, was Zütphen mit Schärfe und leidenschaftlicher Gebärde lehrte. Sie stimmten ihm zu, als er beklagte, die Bischöfe seien Diebe, Räuber, Mörder und Ölverkäufer zur Täuschung der Seelen. Sie stimmten ihm zu, als er Papst und Kaiser als noch schlimmere Brüder bezeichnete und Fasten, Beichte und äußere Frömmigkeit als nutzlos brandmarkte. Entscheidend, so trichterte Zütphen den Bremern ein, entscheidend sei nur der Glaube. Die Lektion wirkte – keine andere deutsche Stadt ging damals so schnell und so geschlossen zur neuen Lehre über wie Bremen. Ab 1567 waren selbst die Erzbischöfe lutherisch. Danach sank das Erzbistum endgültig zur Bedeutungslosigkeit herab.

Während das Bremer Erzbistum auf den absteigenden Ast geriet, wuchs und gedieh die Siedlung Bremen unterhalb der Domburg, je weiter die Seehandelsgeschäfte reichten. Flandern, England und Norwegen erwiesen sich als einträgliche Ziele. Zugleich erweiterten die Bremer Bürger ihre politischen Handlungsmöglichkeiten durch den Aufbau von Körperschaften, Gerechtsamen und Privilegien. 1186 gelang ihnen ein toller diplomatischer Schachzug, konnten sie die Privilegierung ihrer *civis Bremenses* durch Kaiser Friedrich I. sicherstellen. Das Barbarossa-Diplom war schon deshalb von zukunftsweisender Bedeutung, weil es auf die von Karl dem Großen eigentlich dem Erzbischof verliehenen Rechte Bezug nahm und sie quasi nachträglich der Stadt zusprach. Indem die Bremer Bürger den Kaiser zu einer Art Stadtherrn erhoben, stellten sie zugleich geschickt das historische Signal für die Abkehr von der Bischofs- zur freien Stadt. Stadtluft macht einfach widerspenstig.

Der Rat bildete in der Folgezeit ein selbstbewusstes Organ der kommunalen Interessenvertretung. Er schloss Verträge mit benachbarten Mächten und Städten und achtete zunehmend auf die Sicherung der Handelswege an der Unterweser. Nachdem 1304 eine erste Zusammenstellung des Bremer Stadtrechts vorlag, entstanden heftige Kämpfe unter den tonangebenden Ratsgeschlechtern – nicht zuletzt ein Beleg dafür, dass sich eine Elite gebildet hatte, mit der nicht zu spaßen war. Erzbischof Adalbert II. war jedenfalls der letzte geistige Würdenträger, der 1366 durch das Abfackeln des ersten hölzernen Rolands noch einmal sein Glück als Stadtherr versuchte. Er scheiterte. Die Patrizier hielten von da an die Geschicke ihrer sich zu einer Territorialmacht an Unterweser und Nordsee mausernden Seestadt fest in der Hand. Nach dem Beitritt zur Hanse belegte ihr konfliktorientiert eigensinniges Handeln, wie bedeutend Bremen inzwischen geworden war. Daran änderte selbst der von 1427 bis 1433 verhängte Ausschluss aus der Hanse nichts – die Stadt blieb neben Lübeck und Hamburg die drittmächtigste Hansemacht. An der Schlachte drängelten sich nachgerade die Koggen.

Wie sehr Bremen damals prosperierte, zeigt auch ein Blick in den Kern der jungen Stadt selbst, wo nach der 1404 erfolgten Errichtung des steinernen Rolands sowie der Fertigstellung des gotischen Rathauses im Jahr 1409 zugleich eine bis heute bewahrte neue Mitte entstanden war: der Markt. Stadtluft macht widerspenstig? Aber sicher doch, und die auffällig gegen den Dom gerichtete, wehrhafte Haltung des Rolands demonstriert das unübersehbar. Das Studium des kompletten Texts auf seinem Schild verhilft zum Verständnis. Er lautet übertragen: »Freiheit tu ich euch offenbaren, die Karl und mancher Fürst fürwahr dieser Stätte gegeben hat, das danket Gott, ist mein Rat.« Diese Aussage gab der erzbischöflichen Macht zum einen unmissverständlich zu verstehen, wer in der Stadt inzwischen Chef im Ring und über Handel und Wandel war, und sie bewies zum anderen, dass es die Patrizier faustdick hinter den Ohren hatten. Denn Bremen war zu Beginn des fünfzehnten Jahrhunderts mitnichten eine Freie Reichsstadt, ja nicht einmal eine Freie Stadt wie etwa Köln. Kurz, da schriftlich belegte Rechte aus der Hand des hochgeschätzten Karls des Großen nicht vorlagen, wurde vom patrizischen Rat kreativ nachgeholfen. Durch das Erstellen von – nachsichtig formuliert – frei erinnerten Urkunden attestierte die Ratsherrschaft der Hansestadt fortan die sogenannte Kaiserfreiheit. Sie gipfelte in der Formulierung, Bremen sei die freieste Stadt *in all der werlde.* Die tatsächliche Reichsunmittelbarkeit, das Linzer Diplom von Kaiser Ferdinand III. erhielt Bremen erst 1646.

Im Übrigen blieb der Rat so frei, seine Herren bis ins neunzehnte Jahrhundert hinein ausschließlich aus einem elitären patrizischen, zunehmend akademisierten Kreis zu rekrutieren. Die wirtschaftlich ebenso erfolgreichen Handwerker und Händler der Stadt beziehungsweise die hier Ämter genannten Zünfte blieben politisch so gut wie außen vor. Gleich mehrere Aufstände und Verfassungskämpfe, die diesen Zustand ändern sollten – etwa der legendäre »Aufstand der 104« von 1531 –, scheiterten. Die einzige gegenüber den Ratsherren nachdrücklicher auftretende Gruppe war die seit dem dreizehnten Jahrhundert etablierte Gilde der Kaufleute, die 1444 das direkt gegenüber dem Rathaus errichtete Versammlungshaus, den Schütting, bezog. Damit war auch optisch ein für alle Mal klar, welche Kräfte frei genug waren, auf die Entwicklung der Stadt maßgeblich Einfluss zu nehmen.

Nachdem Bremen als Rom des Nordens einen ersten internationalen Anerkennungserfolg errungen hatte, setzten die Seefahrer und Kaufleute alles daran, den Ruf der prosperierenden Hansestadt zu mehren. Zwar kamen ihnen dabei bis weit ins achtzehnte Jahrhundert ab und zu die damals üblichen kriegerischen Auseinandersetzungen, die Pest und andere Epidemien, jede Menge Seeräuber und nicht zuletzt die Grafen von Oldenburg in die Quere, die ab 1623 bei Elsfleth ungerührt Weserzoll kassierten. Dennoch bauten sie gezielt die Handelsverbindungen aus, errichteten ein feuersicheres Patrizierhaus nach dem anderen und scheuten auch sonst keine Kosten. Der von Lüder von Bentheim 1612 abgeschlossene Umbau des Rathauses zu einem Prachtexemplar der Weserrenaissance ließ ebenso keine Wünsche offen wie das

1619 fertiggestellte Festhaus der Gewandschneider und Tuchhändler (heute Sitz der Handwerkskammer). Der italienische Graf Galeazzo Gualdo befand bei einem Besuch 1663: *Im Allgemeinen ist die Lage der Stadt hübsch, die Luft gesund. Die Straßen breit, recht freundlich und gut gepflastert. Die Häuser, fast sämtlich aus Backstein und Bruchsteinen erbaut, sind nett und bequem und gehören zu den bestangelegten in den alten Städten des Reichs.*

Ein Problem machte den Pfeffersäcken allerdings erheblich zu schaffen. Ausgerechnet die über das Wohl und Wehe der ältesten deutschen Seestadt entscheidende Lebensader, die Weser, versandete so sehr, dass größere Schiffe den Hafen an der Schlachte nicht mehr erreichen konnten. Was tun? Konkurrenzhäfen wie das von den Oldenburger Grafen gepäppelte Brake an der Unterweser freuten sich bereits über endloses Umschlagwachstum. Kurz, eine echt bremische Lösung, sprich: Das erste künstliche deutsche Hafenbecken, musste her. Es entstand ab 1616 in Vegesack. Hier konnten die Bremer Reeder fortan die Ladung auf Leichter umladen lassen, die dann die Schlachte ansteuerten. Das im Stil der Renaissance 1648 fertiggestellte Hafenhaus, der zum Museum Spicarium hergerichtete alte Hafenspeicher sowie der Großsegler Deutschland erinnern daran. Dass in Vegesack zu jener Zeit auch der für die Brennstofferzeugung wichtige Walfang vielen Menschen ein Auskommen sicherte, symbolisiert ein als Torbogen gestalteter Walkiefer. Als die tiefgehenden und zunehmend größeren Seeschiffe eines Tages auch Vegesack nicht mehr anlaufen konnten, beschloss der Rat umgehend die Anlage eines noch zukunftssicheren, bis heute echt Bremer Havens direkt an der Nordseeküste. Die Bauarbeiten begannen 1827. Stadtluft, so viel steht fest, macht so widerspenstig wie unternehmungslustig.

GUTES KLIMA IN BREMERHAVEN

Auf die Idee, an der Geeste einen Hafen zu bauen, um den durch die versandete Weser entstandenen Transport- und Handelsproblemen wirkungsvoll zu begegnen, war Bremens diplomatisch versierter Bürgermeister Johann Smidt im Juni 1825 gekommen. Nach mühevollen Verhandlungen trat 1827 das Königreich Hannover einen kleinen Landstreifen an der Wesermündung ab. Nicht zuletzt Johann Wolfgang von Goethe zeigte großes Interesse an der Hafenplanung. Der Bremer Senator Dr. Friedrich W. Heineken übermittelte ihm im Januar 1829 postwendend eine ausführliche Darstellung, in der er unter anderem darlegte, dass *mit holländischen Wasserbaumeistern ein Contract zur Erbauung des Havens und einer denselben öffnenden und schließenden Seedocks Schleuse* getroffen war. Und weiter: *Der Bau begann am 1. July 1827 und war in Jahresfrist soweit gefördert, daß im July 1828 der Grundstein zu der neuen Schleuse ... gelegt werden konnte. An Gedichten, deren eine solche Begebenheit wohl werth gewesen wäre, fehlte es bey dieser Gelegenheit, weil die Dichter, wie Sie selbst am besten wissen bey uns etwas dünn gesäet sind ...* Goethe goutierte die Informationen und kommentierte im Februar 1829: *Müssen wir doch so viel von den englischen Doks, Schleußen, Canälen und*

Eisenbahnen uns vorerzählen und vorbilden lassen, daß es höchst tröstlich ist an unserer westlichen Küste dergleichen auch unternommen zu sehen.

Am 12. September 1830 lief das erste Schiff, der amerikanische Segler Draper, in das neue Becken ein. Hafen und Siedlung wuchsen schnell, 1832 registrierten die Behörden bereits mehr als zehntausend Auswanderer, die in Bremerhaven an Bord gingen. Ihnen stand eine mehr als beschwerliche, durchschnittlich sechzig bis siebzig Tage dauernde Überfahrt zu den amerikanischen Zielhäfen bevor. 1845 verließen bereits über dreißigtausend Migranten das sich zum »Vorort von New York« mausernde Bremerhaven. Für die Reeder übrigens schon deshalb ein lohnendes Geschäft, weil ihre Schiffe für die Rückfahrt zu den deutschen Gestaden mit amerikanischen Exportwaren gefüllt wurden. Als 1847 die von amerikanischen und bremischen Kaufleuten gegründete Ocean Steamship Company, deren Raddampfer Washington damals unter riesigem Beifall in Bremerhaven einlief, den Verkehr mit Dampf befeuerte, gab es kein Halten mehr. Nicht zufällig erhielt die Kommunikation zwischen Bremen und Bremerhaven noch 1847 durch die erste optische und elektromagnetische Telegrafenverbindung auf dem europäischen Kontinent zusätzlichen Schub.

1857 gründeten Bremer Kaufleute die Aktiengesellschaft Norddeutscher Lloyd. Die Reederei nahm die Transatlantikfahrt auf, richtete Postdampferlinien und

Bäderdienste ein und wuchs zu einer der größten der Welt. Für Bremerhaven erwiesen sich die vielfältigen Aktivitäten des NDL als ungemein förderlich. Mit dem Pfund des weithin verbreiteten Rufs als führender europäischer Auswandererhafen ließ sich in geschäftlicher Hinsicht gut wuchern. Gleichsam im Takt mit den immer größer werdenden Schraubendampfern des NDL mussten zudem stetig die Hafen-, Werft- und Schleusenanlagen erweitert werden. 1897 feierten Bremer Senatoren die Eröffnung der damals größten Seeschleuse der Welt. Die Kaiserschleuse funktioniert heute noch – seit 2011 durch eine Erweiterung auf Augenhöhe mit Schiffen der Panamax-Klasse.

Allein zwischen 1880 und 1914 verließen rund vier Millionen Auswanderer via Bremerhaven den Kontinent. Joseph Roth schildert in dem Roman *Hiob*, wie die zur Auswanderung in die Staaten gezwungene Familie Singer in einer Baracke die Abfahrt der Neptun abwartet. Endlich reißt um fünf Uhr morgens ein Beamter die Tür auf. *Ein Seewind hatte ihn in die Baracke geweht. »Aufstehen!« rief er ein paarmal und in allen Sprachen dieser Welt. Es war noch früh, als sie das Schiff erreichten. Man erlaubte ihnen, ein paar Blicke in die Speisesäle der ersten und zweiten Klasse zu werfen, ehe man sie ins Zwischendeck hineinschob.*

Der Bremer Norddeutsche Lloyd – er wurde 1970 mit der Hamburger Hapag verschmolzen und wanderte an die Elbe ab – bestimmte ein gutes Jahrhundert lang das Wohl und Wehe Bremerhavens und bewirkte das Entstehen eines beeindruckenden Hafenensembles. Insbesondere die »Pflege« der Beziehungen zu den Hohenzollern und der preußischen Regierung – das Kaiserreich subventionierte zum Beispiel die Reichspostdampferlinien des NDL, und Preußen trat viel Land etwa für die Kaiserhäfen ab – zahlte sich zunächst wahrlich aus. Welche Zeiten unter Kaiser Wilhelm II. leider auch drohten, zeigte sich im Juli 1900, als er in Bremerhaven vor nach China abkommandierten Soldaten betonte: *Kommt Ihr vor den Feind, so wird derselbe geschlagen! Pardon wird nicht gegeben! Gefangene werden nicht gemacht. Wer Euch in die Hände fällt, sei Euch verfallen!*

Nach dem Ersten Weltkrieg saß der Norddeutsche Lloyd, der fast seine ganze Flotte verloren hatte, so gut wie auf dem Trockenen, litt die Bremerhavener Bevölkerung große Not. Ab Mitte der zwanziger Jahre besserte sich die Lage, obwohl die Zahl der Auswanderer empfindlich zurückgegangen war. Fortan sorgten Geschäfts- und Urlaubsreisende für die Auslastung der Passagierschiffe. 1927 ersetzte die Reederei die nicht mehr für die Auswanderermassen benötigten Lloydhallen durch den Columbusbahnhof, verzückten die legendären, mit dem Blauen Band ausgezeichneten Luxus-Schnelldampfer Bremen (die vierte) und Europa (die dritte) Passagiere und Schaulustige gleichermaßen. Carl Stimming, der damalige Generaldirektor des NDL, freute sich 1929 anlässlich der Jungfernfahrt der von der AG Weser erbauten

50 000-BRT-Ozeanin Bremen: *Da werden die Hamburger wieder seufzen – ist die alte Pißrinne, die Weser, denn noch immer nicht restlos versandet?*

Im Zweiten Weltkrieg wurde die Nordseemetropole von Bomberangriffen ungemein schwer ins Unglück gezogen – 97 Prozent der Innenstadt waren 1945 unbewohnbar. Für eine erste Wiederbelebung der noch halbwegs intakten Häfen sorgten die USA, die sie für Nachschubzwecke benötigten. Wussten die Soldaten, dass der Schlager *Lili Marleen*, den Marlene Dietrich 1943 in den Staaten populär gemacht hatte, im deutschen Soldatensender von der 1905 in Bremerhaven (Lehe) geborenen Liese-Lotte Brunnenberg alias Lale Andersen gesungen wurde? Eine alte Laterne am Alten Hafen symbolisiert dieses Liederereignis unentwegt. Mir wäre dieser Ohrwurm ohne Kasernen lieber.

Nachdem zu Beginn der fünfziger Jahre an der Columbuskaje wieder der planmäßige Passagierverkehr mit New York in Gang gekommen und ein Jahrzehnt später der neue »Bahnhof am Meer« errichtet worden war, leitete der interkontinentale Flugverkehr das schmerzliche Ende der Linienpassagierschifffahrt ein, verklangen die von Kapellen gespielten Lieder: *Muß I denn, muß I denn zum Städele hinaus ...* Seitdem wird die legendäre »Kaje der Tränen« von Kreuzfahrtschiffen angelaufen, präsentiert das Morgenstern-Museum wehmütige Erinnerungsstücke.

In der Folgezeit gab es im abgenabelten Vorort New

Yorks jahrelang nur wenig Gold, das glänzte. Werftenkrisen, der Abzug der US-Nachschubeinheiten und die Streichung vieler Hafenarbeitsplätze durch den Einzug hochrationeller Logistikmethoden trieben die Arbeitslosenquote zeitweilig über die Zwanzigprozentmarke. Hinzu kam der fast völlige Wegfall der lange größten deutschen Hochseefischereiflotte. Sie war in den (zunächst hannoverschen) Geestemünder Fischereihäfen heimisch. Kurz, viele Einwohner des nach Salz und Meer duftenden Vororts der Globalisierung sahen wie einst die Auswanderer einer ungewissen Zukunft entgegen. Dennoch befand die unbestechliche Literatin Margarete Hannsmann: *Alle sind herzlich, so intensiv, daß ich nun vielleicht endlich nicht mehr den Unsinn von den spröden Nordlichtern nachplappern werde.*

Seit dem Millennium ist Bremerhaven nicht mehr wiederzuerkennen, hat nicht zuletzt die Arbeitslosigkeit einiges an Schrecken verloren. Maritimes Flair, boomende Häfen sowie täglich ein- und auslaufende Schiffe aller Größenordnungen erheischen Respekt – freilich in anderer Form als zu den Hochzeiten der Reederei mit den leuchtend gelben Schornsteinen. Die stadtbremischen Häfen glänzen im tideabhängigen Bereich mit einer der größten Containerabfertigungsanlagen der Welt. In den über die Nord- und Kaiserschleuse erreichbaren Dockhäfen brummt das globalisierte Geschäft im wahrsten Sinne des Wortes, denn Bremerhaven ist seit längerem der führende Kfz-Umschlagplatz in Europa, einschlägige

Fahrzeugnachrüstungen werden hier von Spezialisten gleich miterledigt.

Dass eine rund um die Uhr von Globalisierung und Hafenwirtschaft geputschte Seestadt alles andere als verschlafen ist, versteht sich von selbst. Auf der heute selbständigen Lloyd Werft Bremerhaven – sie gehört zu den führenden Anbietern von Passagierschiffsum- und -fertigbauten in Rekordzeit – können die Beschäftigten ein »flexibles« Lied davon singen. Die Seestadt ist es schon deshalb nicht, weil heute neben Schiffen auch Touristen aus aller Welt kommen – vor allem, um die Havenwelten mit dem unübersehbar-futuristischen Hotel in der Mitte zu entdecken. Sie umfassen das von Hans Scharoun entworfene Deutsche Schifffahrtsmuseum, wo nicht zuletzt die älteste Kogge der Welt bewundert werden kann; das Deutsche Auswandererhaus, in dem keine Frage zum Thema Migration offenbleibt; das in einem Aluminiumgehäuse residierende Klimahaus® Bremerhaven 8° Ost mit einer knapp vierzigtausend Kilometer langen Route durch alle Klimazonen (genial verkürzt auf einen Kilometer) sowie das Mediterraneo – ein Erlebniscenter für Kaufrauschwillige. Der Zoo am Meer sowie weitere Museen und einschlägige Attraktionen wecken die Lebensgeister ebenso wie das flanierfreundliche Schaufenster Fischereihafen. Das älteste in Deutschland erhaltene Trockendock von 1845 am Geestufer nicht zu vergessen. Überhaupt nicht museal wirkt der Fischereihafen II. In dessen Hallen werden seit eh und je die von den Fabrikschiffen angelandeten Meeresschätze verauktioniert. *Hein Mück aus Bremerhaven* kommt mir in den Sinn:

In den fernsten Zonen,
Wo nur Menschen wohnen,
Ja, sogar im wilden Feuerland
Kennt man Hein Mück von der Waterkant.
Er ist ein Matrose,
Mit 'ner weiten Hose.
Die Mädchen sind außer Rand und Band,
Sehn sie Hein Mück von der Waterkant …

Heute kennt man Hein Mück selbst auf dem Eis von Nord- und Südpol, gehört er doch im Geiste zu den 45 Besatzungsmitgliedern des Forschungseisbrechers Polarstern, auf dem Wissenschaftlerinnen und Wissenschaftler untersuchen, wie sich das Ökosystem an die extremen physikalischen Bedingungen im Meereis angepasst hat, und vor allem, wie es sich mit dem Klimawandel verändert. Die Experten des Alfred-Wegener-Instituts gehen davon aus, dass sich die Erde in einem tiefgreifenden Klimawandel befindet, der extrem schnell voranschreitet. Weil die empfindlichen Polargebiete dabei eine nicht zu unterschätzende Rolle spielen, sind die Erdsystem- und Klimaforschungen des Instituts von überlebenswichtiger Bedeutung. Auf der Neumayer-Station erfolgen das ganze Jahr über meteorologische und geophysikalische Messungen.

Als 1980 das Alfred-Wegener-Institut für Polar- und

Meeresforschung in Bremerhaven die Arbeit aufnahm, wurde damit eine Entwicklung eingeleitet, die inzwischen mit dem »European Energy Award« große Anerkennung gefunden hat. Nicht zufällig werden Passivhauskindergärten errichtet und für die Schüler Anreize gesetzt, stromsparende Energiesparmaßnahmen in den Schulgebäuden umzusetzen. Die Nordseemetropole versteht sich heute als Klimastadt, wozu nicht zuletzt die expandierende Windenergieindustrie kräftig beiträgt. Das Fraunhofer-Institut für Windenergie und Energiesystemtechnik deutet schon vom Namen her an, wie viel Wind in »Fishtown« um Ökostrom bringenden Wind gemacht wird. Auf eine gute Zukunft kräftig angestoßen wird natürlich im stimmungsvollen Treffpunkt Kaiserhafen – der immer noch »letzten Kneipe vor New York«. Kulturellen Genuss offeriert das Theater, das zu den besten Spielstätten abseits der Metropolen zählt. Bleibt die Frage, warum mit Blick auf die Einwohner nach wie vor von »Fischköppen« die Rede ist. Die naheliegende Antwort lautet: Der angelandete Fisch und die Meeresfrüchte aus aller Welt gehen den Akteuren der seestädtischen Lebensmittelindustrie einfach nicht aus dem Kopf – sonst gäbe es wohl kaum den europäischen Marktführer Nordsee und den deutschen Marktführer Deutsche See.

Bremen blickt auf eine über tausendjährige Geschichte als See- und Handelsstadt zurück. Den einst handlungsleitenden Kurs *Navigare necesse est, vivere non est necesse!* (Seefahren ist nötig, Leben nicht) behauptet nurmehr die Inschrift am Haus Seefahrt in der Bremer Schweiz, wo in mietfreien Wohnungen pensionierte Kapitäne mit ihren Lieben eine Bleibe finden. Das 1545 gegründete, konfessionell unabhängige Haus Seefahrt gilt als die älteste noch tätige soziale Stiftung der Welt.

Während die weserabwärts gelegenen bremischen Häfen für seegängige Schiffe, Vegesack und Bremerhaven, steuerbords schon in den Blick kamen, kommen die ab Ende des neunzehnten Jahrhunderts entstandenen Hafenanlagen nahe der Altstadt nun backbords in Sicht. Bremen erlebte nach einem kurzen Zwischenspiel als Napoleons *bonne ville* (1810–13) einen sagenhaften wirtschaftlichen und kulturellen Aufstieg, der bis zum Ersten Weltkrieg anhielt. Während in Bremerhaven die Auswanderer massenhaft auf die Abfahrt warteten, gab es in Bremen nur den von Flusskähnen erreichbaren Uferhafen an der Schlachte. Da das in Bremerhaven nötige Umladen der Waren aus Übersee den bremischen Kaufleuten zu langwierig und kostentreibend wurde, drängten sie den Senat zum Handeln. Nach den Plänen und unter der Leitung des Oberbaudirektors Ludwig Franzius ging es dann in der Tat der mäandernden und versandeten Weser ans Flussbett – es wurde mittels neuer technischer Verfahren »korrigiert«, also begradigt und ausgebaggert. Seitdem gelangt die Flutwelle von der Nordsee zweimal täglich bis zum Weserwehr, wo Europas größtes tidenabhängiges Laufwasserkraftwerk Strom erzeugt.

Die für Bremen erheblich ins Geld gehende »Weserkorrektion« bildete den Auftakt für den ab 1884 beginnenden Bau des ersten Freihafens. Er wurde im Oktober 1888, sechs Tage vor dem lange umstrittenen Zollanschluss Bremens ans Deutsche Reich, eröffnet. Ab 1895 konnten auch die inzwischen eisernen großen Seeschiffe das erste Mal seit vielen Generationen wieder Bremen selbst erreichen. Bald darauf entstanden der leistungsfähige zweite Freihafen sowie in rascher Folge weitere Becken und -anlagen. Die großen Reedereien und sich ansiedelnde Industriebetriebe sorgten für zusätzlichen Schwung und begünstigten ein enormes Bevölkerungswachstum – 1875 zählte die Hansestadt erstmals mehr als hunderttausend Einwohner, 1910 bereits 245 000. Den Anstoß zu diesen Großtaten hatte Otto Gildemeister gegeben. Der 1902 verstorbene Bürgermeister war der bislang ungewöhnlichste Chef im Rathaus, genoss er doch den bis heute anhaltenden Ruf eines kongenialen Übersetzers und herausragenden Essayisten.

Bis in die siebziger Jahre des zwanzigsten Jahrhunderts

hinein dominierte der beschäftigungs- und zeitintensive Stückgutumschlag das Geschehen in den Übersee- und Europahafen genannten Freihäfen. Die konventionellen Frachtschiffe lagen mehrere Tage lang an den Kajen, und ihre Besatzungen fanden ausreichend Zeit, ihre Heuer an der »Waller Küste« in geistige Getränke und Mädels zu investieren. Der norwegische Steuermann und bekannte Autor Jon Michelet schildert in der nach einer berüchtigten Bar benannten Geschichte *Golden City*, wie es 1962 hier dem Decksjungen Fred Iver Kjenner erging, als er hemdsärmelig die Gegend erkundete. *Die Waller Küste war etwas für Hartgesottene, besucht von US-Soldaten und Seeleuten aus aller Welt, durchaus ähnlich der berühmteren und berüchtigteren Reeperbahn in Hamburg … Eine Clique vom Schiff wollte in den »erstbesten Laden« auf dem Kiez, um ein Bier zu trinken, nur ein kleines Bier … Im »Golden City« lungerten mehrere Frauen herum, bei denen es sich offensichtlich um Prostituierte handelte … Er sagte zu einem der Jungs, einem spanischen Matrosen, der Santos hieß und gutes Norwegisch sprach, daß er dort wegwollte. Der Matrose lachte über den Decksjungen. Die anderen am Tisch lachten auch, und sie fragten, ob er feige sei, ein Weichei, ein Muttersöhnchen.* Den Rest der Geschichte kann man sich denken – literweise Bier, bündelweise verprasstes Geld … Passé. Nachdem 1966 das erste Containerschiff in Bremen eingelaufen war, wurden die Metallkisten das Maß aller Hafendinge. Deren Umschlag erfolgt so sekundenschnell, dass an Landgänge gar nicht zu denken ist. Auch die Zeiten, zu denen kräftige Männer einfach auf den Schiffen anheuern oder in den Hafen gehen konnten, wo es dann hieß: *Kannste Karre schieben, kannste Arbeit kriegen*, sind Geschichte.

In einem der verbliebenen, mit vierhundert Meter Länge eindrucksvollen Speichergebäude (auch Sitz der Hochschule für Künste) überliefert das Hafenmuseum Speicher XI, wie knochenhart Festmacher und Küper, Stauer, Schauer- und Talleyleute einst schuften mussten. Nun ist es zwar nicht so, dass es keinen Stückgutumschlag mehr gäbe. Die ab 1960 gebauten Neustädter Häfen am linken Weserufer gelten als führendes europäisches Terminal für Stückgut und Projektladung, und auch in den Industriehäfen rechts der Weser geht es noch heftig zur Sache, laufen jährlich Tausende Schiffe ein. Der Hüttenhafen zum Beispiel versorgt die Stahlwerke eines Branchenriesen mit Erzen und Koks.

Genau dort, wo ab 1888 die bremischen Freihäfen ein an die Stadtteile Walle und Gröpelingen grenzendes Quartier formierten, war nach ziemlich genau hundert Jahren Schluss. Aus und vorbei. Kein Schiff wird kommen. Dem bestechenden Kurzroman *Am Rande der Nacht* des gebürtigen Bremers Friedo Lampe entnehme ich eine Art Abschiedsbild mit der Adelaide und anderen Dampfern: *Der Himmel war schwer und undurchsichtig – ohne Mond … Auf der Adelaide wurde es jetzt auch stiller. Die dicken Leiber der Schiffe lagen rund und stumm da, sie lösten sich weich in die Finsternis auf.*

Auf dem kurzerhand zugeschütteten Überseehafen und in dessen Umgebung entsteht seit dem Millennium Bremens Überseestadt. Die Umwandlung des alten Hafenreviers – die Fläche ist dreimal so groß wie Bremens historische Altstadt – ist weit fortgeschritten. Hochbauten wie Helmut Jahns gläserner Wesertower und das Wohnhaus Landmark Tower, Hotels, ein Varieté-Theater, diverse moderne und in umgebaute Schuppen und Speicher gepackte Bürogebäude sowie große Wohnanlagen mit Weserblick lassen keinen Zweifel daran, welche Pläne hier von den Stadtentwicklern verfolgt werden. Wer in der Überseestadt an den Kauf von Wohnimmobilien denkt, muss allerdings beurkunden, dass er den typischen Lärm einer Hafengegend hinnehmen wird. Der Holz- und Fabrikenhafen ist nebst Hafenbahn ja noch in Betrieb; vor allem aber sind der Überseestadt viele Unternehmen der klassischen Hafenwirtschaft erhalten geblieben – einschließlich der Reis- und Mehlmühlen, einer Cornflakesfabrik und weiteren Verarbeitern mehr.

Mit dem beherzten Kurswechsel vom Überseehafen zur Überseestadt haben die Bremer erneut bewiesen, wie vergangenheitsbewusst sie Gegenwart zu nutzen wissen, um in Zukunft kräftig Land zu gewinnen.

Wenn einer eine Reise tut, so kann er was erzählen, froh-
lockte Matthias Claudius und ließ seinen Weltreisenden
Herrn Urian von der Nordwestpassage sagen: *Von hier
ging ich nach Mexiko, ist weiter als nach Bremen ...* Heutzutage ist es offenbar weiter nach Bremen als nach Mexiko, die Statistiker verzeichnen immer mehr Besucher aus
China. Mit der Eisenbahn ist die Hansestadt seit 1847
gut erreichbar. Um 1930 lief ein Zug mit zwei Männern
*in die mächtige, glasgedeckte Halle des Bremer Haupt-
bahnhofs ein, wo das Licht der Bogenlampen jedes Ge-
sicht fahl erschienen ließ.* Einer der beiden hatte bald nach
der Ankunft sein Leben ausgehaucht. Der Zweite, ein mit
Pfeife, schwarzem Überzieher und Melone auftretender
Kommissar, lebt sozusagen noch. Sein fiktives Erscheinen
in Bremen, präziser: in dem Krimi *Maigret und der Ge-
hängte von Saint-Pholien,* hatte schönste Folgen. Es begründete den riesigen Erfolg des Autors Georges Simeon.

Gleich neben dem schönen Jugendstilgebäude des
Hauptbahnhofs locken seit 1896 hinter der klassizisti-
schen Fassade des Übersee-Museums naturgeschichtliche
und ethnographische Sammlungen. Das angeschlossene
Übermaxx kann als zweitältestes Schaumagazin der Welt
punkten. Es enthält all das, was handelnde und erobe-

rungssüchtige Seefahrer einst nach Bremen verschifften. Zu den vielen unrühmlichen Akteuren zählt der Bremer Kolonialkaufmann Adolf Lüderitz. Er betrog 1883 mit einem Missionar die Namas in Südwestafrika (Namibia) beim Kauf umfangreicher Ländereien. Uwe Timm vermerkt in seinem Werk *Deutsche Kolonien*, dass *Lüderitz die Namas im Glauben ließ, dass dieser Vereinbarung die ihnen bekannte englische Meile zu Grunde läge, er aber im Vertrag – den nur der Missionar lesen konnte – die geographische Meile festschrieb. So hatten die Namas ein Gebiet verkauft, dass fast fünfmal so groß war, als sie annahmen.* Hinter dem Hauptbahnhof mahnt ein riesiger Elefant aus Klinkerstein, die betrügerischen und völkermörderischen Taten in den deutschen Kolonien nicht zu verharmlosen. Er wurde 1932 als »Reichskolonialehrenmal« eingeweiht, geriet nach dem Krieg etwas aus dem Blick und hält heute Wacht als Anti-Kolonial-Denkmal.

Als im Juni 1929 mit Lene Voigt die Großmeisterin des sächsischen Humors mit dem Zug in Bremen ankam, gab es die hässliche Hochstraße entlang des Bahnhofsplatzes noch nicht, deren politisch angedachter Abbruch die Autolobby in Alarmstimmung hält. Vielleicht begünstigte das ihre Entscheidung, von Leipzig ins trockenhumorige Bremen zu ziehen, denn: *Bremen sehen und lieben war eins.* Lene Voigt (bürgerlich Helene Wagner) berauschte sich bis 1934 an der Weser. Ob ihr der Bremer Anekdotenmeister Karl Lerbs begegnete – wer weiß. Er hätte der Sächsin wohl erläutert: *Humor als Grundein-*

stellung zur Umwelt und zum Leben ist bei uns etwas so Tiefliegendes und Selbstverständliches, daß wir uns dessen oft nicht einmal bewußt sind. Schrieb Lene Voigt deshalb so mundartlich-komische Werke wie *In Sachsen gewachsen* und *Die sächsische Odyssee* in der Hansestadt, wo gewiss nicht die *Bleiße bläddschert*?

Die Bremer Altstadt und die ihr gegenüberliegende, von Weser, Teerhof, Stadtwerder und kleiner Weser gleichsam auf Distanz gehaltene alte Neustadt sind auf einem Luftbild durch das sie umkreisende Grün der Wallanlagen leicht zu erkennen. Der mit Aussichts- und Ruheplätzen sowie zahlreichen Plastiken aufwartende Grünzug wurde ab 1802 nach englischem Vorbild auf dem Stadtwall angelegt. Von der Stadtmauer ist kein Stein auf dem anderen geblieben – wenn die Bremer an eine sichere Zukunft glauben, dann richtig. Genau diesen per pedes in ein paar Stunden durchstreifbaren Bereich meinte Franz Freiherr von Dingelstedt, als er schwärmte:

> *Die Bremerstadt am Weserstrom!*
> *Der Schlüssel ihres Wappens schließt*
> *Ein Reich von märchenhaftem Ruhme ...*

Anders als zu vormärzlichen Zeiten wird die Altstadt längst nicht mehr von der Bevölkerung bewohnt. Sie diente schon 1880 überwiegend geschäftlichen Zwecken, als Theodor Fontane sie in vier Stunden mit *Plan und Büchelchen* durchstreifte. Seines Erachtens kannte er anschließend *Bremen so gut wie Berlin* – aber das war wohl eher als Kompliment denn ernst gemeint. Jedenfalls hat der Romancier die Hansestadt seinem Werk *Cécile* »eingeschrieben« – und rückt nicht zuletzt die immer noch *buntbelebte Sögestraße* ins Geschehen. Die heute dort »weidende« bronzene Schweineherde von Peter Lehmann erinnert plastisch an Mittelalter und Frühe Neuzeit, als sich fast jeder Bremer Bürger ein Schwein hielt – »Söge« heißt »Säue«. Abends wurden die Tiere von der hinter dem Bahnhof gelegenen Bürgerweide durch das Herdentor in die Stadt zurückgetrieben.

Der Kern der Bremer Altstadt ist überwiegend als Fußgängerzone ausgewiesen. Weil es bei uns im Norden hin und wieder pladdert oder dröppelt, erfreuen sich einige dem neudeutschen Shoppen dienenden Areale einer Überdachung. Wenn von einer Passage die Rede ist, kommt unsereins fast garantiert trockenen Kopfes irgendwohin. Von der Sögestraße etwa in die Katharinen- und Domshofpassage oder in die Lloydpassage. Sie bezeichnet sich als Mall of Fame – in die Bodenplatten eingelassene Bronzeabgüsse der Hände willkommener Prominenter sollen hollywoodschen Glamour verströmen. Wer die Abdrücke etwa des aus Bremen gebürtigen Musikstars James Last betreten möchte – wohlan. Für den 1989 verstorbenen »Bremer Jungen« und Entertainer Hans-Joachim Kulenkampff kam die Mall zu spät. Dabei hieß seine legendäre Sendung *Einer wird gewinnen*. Von der Einkaufsmeile Obernstraße führt eine steile Treppe – von der Bremer

Düne hinunter – zur ehemaligen Stadtwaage an der Langenstraße. Das nach dem Krieg sorgsam rekonstruierte Gebäude von 1587 ist ein wahres »Großod« der Weserrenaissance.

Die Langenstraße gehört neben der Obernstraße zu den ältesten Straßen der Hansestadt. In ihr hatten früher die reichen Kaufleute ihre Kontore und Wohnungen. In einem der Häuser wurde 1752 Georg Joachim Göschen geboren. Nach einer schweren Kindheit absolvierte er in einer Bremer Buchhandlung seine Ausbildung. 1785 gründete Göschen in Leipzig seinen eigenen Verlag und stieg neben Friedrich Cotta zum bedeutendsten Verleger der deutschen Klassik auf. Obwohl die Hansestadt zu keiner Zeit Sitz eines über die Grenzen hinaus renommierten Buchverlages war, brachte sie neben Göschen vier weitere Männer hervor, deren Namen in der Geschichte des deutschen Buchhandels obenan stehen. Nachdem Rudolf Alexander Schröder mit den Kollegen Heymel und Bierbaum die Zeitschrift *Insel* zu einem Leipziger Verlag erweitert hatte, trat 1905 der Bremer Anton Kippenberg hinzu und machte daraus ein nach wie vor angesehenes Unternehmen. Was Wunder, dass Schröder über das Bremen des auslaufenden neunzehnten Jahrhunderts anmerkte: *Es war... eine Stadt, in der alles einander kannte und alles über so und soviel Ecken miteinander verwandt oder verschwägert war.* Kippenberg, dem 1949 die Ehrenbürgerwürde der Hansestadt zuteilwurde, gehörte wiederum zu den Ausbildern des Sohnes eines Bremer

Börsenmaklers, der 1910 in Berlin den Ernst Rowohlt Verlag gründete. Ernst Rowohlt bekannte später: *In meinem ganzen verlegerischen Leben hat Anton Kippenberg die größte Rolle gespielt.* Nicht zu vergessen den in der Altstadt aufgewachsenen Otto von Halem – er wurde 1907 in Stuttgart zum Generaldirektor der Deutschen Verlagsanstalt berufen – sowie Willy Wiegand, der sich in München als Begründer und äußerst begabter Typograph der Bremer Presse, der *Königin unter den deutschen Privatpressen*, einen Namen machte.

Die gute Stube Bremens ist der vom Roland bewachte Markt. Er zählt allen unbestechlichen Reiseführern zufolge zu den *drei schönsten Plätzen Europas.* In seiner Mitte liegt das Hanseatenkreuz, ein Ehrenzeichen für die hanseatischen Teilnehmer an den Freiheitskriegen gegen Napoleon. Der Form nach erinnert es an das des Deutschen Ritterordens, also irgendwie auch an die vielen Kreuzritter, die auf Bremer Schiffen ins Heilige Land segelten, um dort wild um sich zu schlagen. *Roland, der Ries',* wie ihn Friedrich Rückert nannte, ist ein Ausländer – vermutlich ein bretonischer Paladin und Neffe Karls des Großen. Neben ihm kann sich heute jeder achte Einwohner Bremens als Migrant rühmen.

Was übrigens 'n richtiger Bremer is, der weiß, 'ne Verabredung hinterm Roland, die gildet nich. Zwischen seinen Füßen liegt ein Kopf mit Händen. Das Sandsteinrelief wird von sturen Bremern als genau der Krüppel gerühmt, der einer Sage nach sein Leben opferte, um die Schenkung der einstigen Bürgerweide zu ermöglichen. Der hiesige Professor Christian Nicolaus Roller vermerkte 1798: *Im 1032. Jahr schenkte die Gräfin Emma ... den Bürgern zu Bremen dasjenige große Stück Landes ... welches unter dem Namen der Bürgerweyde bekannt ist. Die gemeine Volkssage geht dahin, daß diese Gräfin in ihrem Testamente, auf eine wunderliche Weise verordnet habe, den Bürgern sollten so viel von ihren Ländereyen vermacht seyn, als ein gewisser Krüppel, der bey ihren Lebzeiten täglich aus ihrem Hause ein Almosen erhielt, in einem Tage umkriechen könnte.* Sture Kunsthistoriker unserer Tage bezeichnen das steinerne Bildnis hingegen als Nachbildung eines auf dem Markt enthaupteten Missetäters.

Wer sich im Schutz des Rolands um die eigene Achse dreht, kommt aus dem Staunen nicht wieder heraus. Das Bremer Rathaus zählt mit seiner prächtigen Fassade im Weserrenaissance-Stil zu den schönsten der Welt. Oskar Loerke schwärmte 1914: *Die Fassade mit dem Kaiser und den sieben Kurfürsten, den heiligen. Die Kolonnaden ... Drinnen die ernste, schlichte, niedrige Halle mit den Holzsäulen, die doch soviel Würde und Schönheit haben. Das schöne Geschnitz der Treppe zur Seitenkammer, die stolze, große obere Halle. Das Dach. Und herrlich, daß nichts zu groß und zu prächtig ist, daß einem ein Gefühl von Bürgertum übrig bleibt.* Über den elf Rathausbögen symbolisieren Reliefs Gerechtigkeit, Treue, Hoffnung, Liebe, Weisheit und nicht zuletzt Mäßigung – haargenau die

Werte, die dem Bürgertum wichtig sind. Ein Zwickel über dem zweiten Arkadenbogen zeigt eine Frau mit Gluckhenne und Küken. Die naheliegende Deutung bestimmt sie als Symbol der Fruchtbarkeit, Mütterlichkeit und Häuslichkeit – das war den Ratsherren gewiss wichtig; seit Friedrich Wagenfeld die Sage von der *Gluckhenne* in die Welt setzte, wird das Steinbild ganz unbürgerlich mit der Ortsgründung in Zusammenhang gebracht. Bemerkenswerterweise mit einem *Häuflein flüchtiger Menschen*. Sie sollen die Weser herabgekommen sein und an der Bremer Düne *eine Henne, die sich und ihren Küchlein einen Ruheplatz suchte*, beobachtet haben. Das wiederum nahmen laut Wagenfeld *die Flüchtigen für ein gutes Zeichen und schlugen auf selbem Hügel ihre Hütten auf.* Fest steht: Nicht wenige der ersten Siedler und heutigen Einwohner steuerten als Flüchtlinge aus anderen Regionen die Bremer Düne an.

Rechts vom Rathaus recken sich die beiden Türme des auf dem höchsten Punkt der Bremer Düne stehenden St. Petri Doms in den Himmel. Ich liebe das Sandsteinrelief einer klitzekleinen Kirchenmaus im östlichen Hochchor. Sie fiept für mein Gehör die Geschichte, wie Erzbischof Adalbert die Bremer arm wie eine Kirchenmaus machte. (Mäuse waren in Kirchen recht sicher, weil Katzen dort vertrieben wurden.) Unvergessen bleibt der Karfreitag 1868, als im Dom Johannes Brahms' *Deutsches Requiem* uraufgeführt wurde. Betrieben hatte dieses Ereignis der

Organist Karl Martin Reinthaler, ein eingeschworener »Brahmine«, freilich zum Missfallen der Bremer, die zu jener Zeit vor allem die Musik von Wagner schätzten – sie benannten nach ihm noch zu Lebzeiten eine Straße! Reinthaler kommentierte ernüchtert: *Es kommt ihnen nicht so sehr auf das Gemüth an. Je mehr es rauscht, desto bereitwilliger öffnen sie ihre von Natur aus zu großen Ohren.*

Zu den touristischen Attraktionen des St.-Petri-Doms gehört seit 1695 der mit Mumien bestückte Bleikeller. Zu den namhaften Besuchern zählt Sigmund Freud. Er notierte in seinem *Reisejournal*, dass sich *allerlei Leute dort beisetzen* ließen, *die der Vergänglichkeit auf diese Art entgehen wollten, englische und schwedische Herrschaften.* So richtig angetan war der Erfinder der Psychoanalyse von den Mumien nicht: *Das ganze bleibt aber doch ein Plaidoyer für die gründliche Vernichtung des überflüssig gewordenen Menschen durch das Feuer.* Die heute von Glasabdeckungen geschützten Überbleibsel waren bis 1960 frei zugänglich, und das erklärt, warum im fernen Naturwissenschaftlichen Kabinett des Goethe-Nationalmuseums der *Finger einer Mumie aus dem Bleikeller in Bremen* behütet wird. Wie er dahin kam? Nun, Geheimrat Goethe hatte in Bremen einen Verehrer namens Dr. Nicolaus Meyer, der offenbar selbst vor einer Grabschändung nicht zurückschreckte, um sich bei seinem Idol einzuschmeicheln. Der Geheimrat selbst hielt Meyer zwar, so gut es ging, auf Distanz, nahm aber die ihm immer wieder aus Bremen gesandten Gaben – Kisten voller Wein und Austern, schöne Muscheln, ein Stück Walkiemen und viele Kuriositäten mehr – dankend an. 1803 zumal die kleine Gabe aus dem Bleikeller.

Gegenüber den Domtreppen erhebt sich das 1913 fertiggestellte Neue Rathaus, in dem der Bürgermeister sein Dienst- und der Senat sein Sitzungszimmer hat. Als Adolph Freiherr von Knigge im Sommer 1790 mit seiner Familie von Hannover nach Bremen umzog, lag seine Dienstwohnung an genau dieser Stelle, denn hier stand das Palatium genannte Verwaltungsgebäude für die Bremer Besitzungen des Königreichs Hannovers. Die Wohnung war zwar repräsentativ, aber unbehaglich – alles andere erschien Knigge akzeptabel: *Den Preis der Lebensmittel finde ich, nach den Erkundigungen, die ich eingezogen habe, bey Weitem nicht so hoch, wie in Hamburg und selbst geringer, wie in Hannover. Specerey-Waaren und Weine sind wohlfeil, weil man sie zu Schiffe aus der ersten Hand haben kann.*

Auf der Ostseite des Marktes setzt das empfindsam-moderne Haus der Bürgerschaft parlamentarische Akzente. Der 1966 eingeweihte Bau von Wassili Luckhart mit der glasreichen vertikalen Gliederung erregte zunächst einige geschmäcklerische Irritationen; inzwischen demonstrieren bremische Bürgerinnen und Bürgern aus rein politischen Gründen vor dem Parlament des Zweistädtestaats. Im Hintergrund, an der Wachtstraße, erhebt sich das massige Gebäude der Bremer Baumwollbörse. Die 1872 gegründete Bremer Baumwollbörse spiegelt einen wichtigen Bereich der hanseatischen Einfuhr- und Handelspolitik. Zwar besteht die bremische Baumwollverarbeitungsindustrie nur mehr in den Erinnerungen der ehemaligen Beschäftigten und sind Jahre wie 1912, als mehr als 2,8 Millionen Ballen über die bremischen Häfen eingeführt wurden, lange her. Was die Börse gegenwärtig leistet, ist dennoch nicht von schlechten Eltern. Sie wacht weltweit und im Verbund mit sechzehn weiteren Baumwollbörsen über die vertragsgemäße Abwicklung des Baumwollgeschäfts. Vor allem aber hält sie die *Bremen Rules* vor: *Dieses »Grundgesetz« für den Baumwollhandel umfasst beispielsweise eine eigene Gerichtsbarkeit und ein Instrumentarium zur Beilegung von Meinungsverschiedenheiten der vertragsschließenden Parteien über die Qualität der gelieferten Ware.*

Die Südseite des Marktes wird vom Schütting geprägt, dem prächtigen Sitz der Handelskammer. In der einflussreichen Kathedrale der Kaufleute und des Handels fanden im achtzehnten Jahrhundert Gäste der Stadt eine Herberge vor. Als sich um 1730 der englische Reiseschriftsteller und Diplomat Thomas Lediard im Schütting aufhielt, zeigte er sich erschüttert über die brutale Auspeitschung und Brandmarkung eines jungen Stubenmädchens auf dem Kaak. Prangerstrafen gab es auf dem Markt bis 1786. Die Todesstrafen wurden in der Regel außerhalb der Stadt vollstreckt – sie waren schlicht allzu häufig und hätten den Verkehr gestört. 1418 erwischte es die beiden Friesenhäuptlinge Dedo und Gerold, die mit ihren

Leuten einen fehlgeschlagenen Überfall auf die bremische Festung Friedeburg verübt hatten. Diese mordsmäßige Geschichte gehört zu den eindrucksvollsten Fußnoten der bremischen Geschichte. Gerold schien nämlich Glück im Unglück zu haben, hatten doch einige Mitglieder des Rats viel Besseres als den Tod mit ihm vor. *Bleibe bei uns in Bremen,* sprachen sie, *heirate eine angesehene Bürgertochter und du wirst ein geehrter Mann unter uns sein.* Gerold hob sein Haupt, blickte sie stolz an und sprach mythisch: *Ich bin ein edelfreier Friese, eure Pelzer- und Schuhmachertöchter sind nicht für mich. Wollt ihr mir aber das Leben schenken, so will ich euch ein halb Scheffel voll Gulden geben.* Die stolze Haltung gefiel zwar den jüngeren Ratsmitgliedern. Viel Geld konnte Bremen schon immer gut gebrauchen. Ein alter Ratsherr aber winkte ab: *Nicht so, der wird nimmer den Kuß auf seines Bruders Dedo tote Lippen vergessen. Ihr habt nie etwas Gutes von ihm zu gewarten.* Gerold wurde kurz darauf ebenso wie zwanzig weitere Friesen aufs Rad gelegt. Gewiss keine schöne Methode, um vom Leben zum Tod zu kommen. Die letzte öffentliche Hinrichtung fand im April 1831 auf dem Domshof vor 35 000 Schaulustigen statt, als Gesche Gottfried enthauptet wurde. Sie hatte ihre Eltern, Kinder, Ehemänner und Freundinnen – insgesamt fünfzehn Personen – tödlich vergiftet. In Rainer Werner Fassbinders Stück *Bremer Freiheit* erscheint sie als Opfer vielfältiger männlicher und gesellschaftlicher Unterdrückung.

Auf der Westseite des Platzes reihen sich – nach dem

Krieg rekonstruierte – Bürgerhäuser aneinander, nicht zu übersehen ist die Rokoko-Fassade der Bremer Sparkasse. Wer sich auf dem Markt aufmerksam ein Mal um die eigene Achse gedreht hat, dürfte ganz schön ins Schwitzen gekommen sein angesichts der Rundum-Dominanz von Politik, Wirtschaft, Geld und Glauben. Köstliche Kühlung gewährt der 1405 vom Rat eingerichtete, weltberühmte Bremer Ratskeller mit seinen großen Prunkfässern aus dem achtzehnten Jahrhundert. Er hält über sechshundert Weine aus allen deutschen Anbaugebieten vorrätig. In der Schatzkammer lagern gut 13 000 Flaschen – sämtlich sündhaft teure Raritäten. Wobei viel Geld im Portemonnaie allein keine Gewähr dafür bietet, einen dieser edlen Goldtröpfchen auch kosten zu können. *Der Kunde muss würdig sein,* kommentiert der Kellermeister. Als würdig erwiesen sich Prinz Charles und Diana, die verstorbene »Königin der Herzen«. Sie ließen bei ihrer Hochzeit den sogenannten Witwenwein – die Kupfergrube von 1959 – ausschenken. Für 2500 Mark die Flasche, um genau zu sein. Das Heiligtum des Ratskellers nennt sich Rosekeller, wo der weltälteste Fasswein lagert – ein Rüdesheimer Jahrgang 1653. Der Weg zum im Kerzenschein ruhenden, 1200 Liter fassenden alten Rosefass führt durch den Apostelkeller, an dessen Längswänden je sechs Stückfässer ruhen, die allesamt gefüllt sind mit alten Rüdesheimer, Hochheimer und Johannisberger Weinen aus den Jahren zwischen 1727 und 1784.

1826 spornte die Bremer Ratskellerluft gleich zwei

Schriftsteller zu literarischen Höchstleistungen an: Wilhelm Hauff und Heinrich Heine. Sie gehörten nach den napoleonischen Kriegen zu der steigenden Zahl von Reisenden, die in der Hansestadt haltmachten. Heinrich Heine fand zweifellos Gefallen an dem beeindruckenden Angebot deutscher Weine:

> *Du braver Ratskellermeister von Bremen!*
> *Siehst du, auf den Dächern der Häuser sitzen*
> *Die Engel und sind betrunken und singen;*
> *Die glühende Sonne dort oben*
> *Ist nur eine rote, betrunkene Nase,*
> *Die Nase des Weltgeists;*
> *Und um die rote Weltgeistnase*
> *Dreht sich die ganze betrunkene Welt.*

Wilhelm Hauff besuchte Bremen im Rahmen einer Grand tour durch Europa. Er wollte ehemalige Kommilitonen und Freunde wie den Bremer Notar Hermann Castendyk treffen, die ihn sogleich als *Fremden von Bedeutung* rühmten. Bürgermeister Johann Smidt führte ihn persönlich durch die kilometerlangen Gänge des Ratskeller und der Dichter erfuhr dabei mancherlei Histörchen. Etwa die von dem sagenhaften Senator Walther, der den Schweden zeigt, wie trinkfest gestandene Bremer sind. Etwas Wahres ist sogar dran an dieser Geschichte, die zugleich das Herzstück der Erzählung ist. 1632 handelte Bremen gegen die Zusage von Geld und Hilfe den Schweden das Versprechen ab, die Hansestadt frei von Kontribution und Einquartierung zu lassen. Hauffs lesenswerte *Phantasien im Bremer Ratskeller* waren ein Dank, der Bremen bis in alle Ewigkeit begleiteten wird. Der Ratskeller wiederum dankt mit dem Hauff-Keller, in dem Max Slevogt die Phantasien herrlich ausgemalt hat. An Heinrich Heines Besuch erinnern in der Hansestadt ein Bronzedenkmal von Waldemar Grzimek nahe der Kunsthalle am Wall sowie eine mit den Versen *In der Fremde* versehene Jugendstil-Bank von Hans Lassen im Bürgerpark.

In vino veritas – oder, in einer Anekdote von Karl Lerbs: *Als Konsul Petri seinem Geschäftsfreund von auswärts Bremen zeigen wollte, lotste er ihn zunächst ohne jede Mühe in den Ratskeller. Nach mehrstündigem gründlichem Studium lotste er ihn nicht ganz ohne Mühe wieder heraus, nahm mit ihm am Roland Aufstellung, machte die Position aus und erläuterte seinem Gast die Besonderheiten des Stadtbildes. »Tschä, kuck«, sagte er, »da steht denn dscha nu das Rathaus, wo wir eben unter waren, un da drüben, da steht denn dscha der Dom. Wenn das Rathaus nich da stände, wo es jetzt steht, denn stände da wohl der Dom, un wo dschetz der Dom steht, da stände denn wohl das Rathaus. Aber das is dscha wohl egal.«* Nicht egal war den Ratsmännern, welches Gotteshaus sie besuchten – für sie kam nur der Besuch der Liebfrauenkirche in Frage. Hier wirkte in der zweiten Hälfte des neunzehnten Jahrhunderts Pastor Rudolf Vietor. Ihm verdankt die Welt der Literatur die Autorin Johanna Spyri, hatte er sie doch gedrängt, Geschichten für das *Bremer Kirchenblatt* zu verfassen. Nachdem sie 1881 ihren Erfolgsroman *Heidi* publiziert hatte, bekannte Spyri, sie hätte *selbst nicht gewusst, dass sie eine Schriftstellerin werden könnte, bis Vietor in Bremen mich mit Drohungen zwang, ihm etwas für sein Blatt zu schicken. Ich schrieb »Vrony« für ihn, da wurde ich eine Schriftstellerin genannt …*

Dem Reiseschriftsteller Thomas Lediard erschien es bei seinem Besuch in der Hansestadt *recht komisch,* dass sich Herren wie Damen *mit Tee oder Kaffee zuprosteten.* Für mich eine willkommene Steilvorlage, um endlich verraten zu können, dass Bremen in der Kaffeegeschichte und -gegenwart eine führende Rolle einnimmt. Denn wo wurde das erste Kaffeehaus im deutschsprachigen Raum eröffnet? Einschlägige Urkunden weisen die ersten Café-betriebe für Hamburg um 1677 und für Wien sogar erst 1683 nach. Bremen blickt kühl auf das Jahr 1673 zurück. Damals erhielt der zugezogene Holländer Jan Jantz van Huesden vom Rat die Genehmigung, *alhir eine Hanthierung von ausländischen Indianischen Geträncke, alß Coffi, Schokelati … vorzunehmen.* 1697 eröffnete ein Salzhändler im Schütting eine weitere *Coffi*-Stube. In der Folgezeit eroberte der Kaffee zunächst die Adelshäuser, dann die Künstlerkreise und schließlich die Schenken der kleinen Leute, entwickelte sich Bremen zur Kaffeehaupt-stadt Deutschlands. Jeder zweite Sack Rohkaffee, der in Deutschland verarbeitet wird, kommt über die bre-mischen Häfen ins Land. Jede zweite Tasse Kaffee, die in der Bundesrepublik getrunken wird, und jede zweite Tasse koffeinfreien Kaffees, die weltweit getrunken wird, verdankt ihren Inhalt den Leistungen Bremer Röstereien.

Dem Kaffee sei Dank, erstreckt sich vom Schütting bis zur Martinistraße die in den zwanziger Jahren des letzten Jahrhunderts baulich extrem neu gewandete Böttcherstraße. Sie ist aus dem *Quartier latin von Bremen*, wie Peter Hille diese Gegend nannte, nicht wegzudenken. Die »heimliche Hauptstraße« hieß in grauer Vorzeit Hellinchstrate und bezeichnete einen Schiffbauplatz; später diente sie als Arbeitsstätte der Tonnenmacher, der Böttcher. Der Bauherr der von den Architekten Scotland & Runge und Bernhard Hoetger historisierend und avantgardistisch völlig neu gestalteten Böttcherstraße hieß Ludwig Roselius. Er war ein ebenso cleverer bremischer Großkaufmann wie großer Kunstförderer. *In diesem Sproß aus einer alten protestantischen Pastorenfamilie haben Sie einen lebendigen Menschenfresser vor sich,* charakterisierte ihn Theodor Plivier. *Und da ist alles: Kaffee, Politik, Frauen, Schiffswerft, Baumwolle, natürlich Spionage, Amerikafeind, Bewunderer Wilhelm II., Verehrer Friedrich Eberts, Wohltäter von Witwen und Waisen, Kunstmäcen. Aber wenn ich Kaffee sage, ist es Kaffee Hag, und er holt die Millionen aus dem Koffein, das er dem Kaffee entzieht.* Ein Verehrer Hitlers war Roselius auch. Die Nazis fanden allerdings wenig Gefallen an seiner Gasse. Goebbels sprach vom *Böttcherstraßendreck,* und Roselius konnte den drohenden Abriss nur verhindern, weil er sie flugs zum Museum »entarteter Kunst« erklärte. Heftig in Mitleidenschaft gezogen wurde die Böttcherstraße dennoch – durch Bombentreffer im Krieg.

Eine unbedingte Sehenswürdigkeit der Böttcherstraße ist der Himmelssaal, einer der weltweit faszinierendsten expressionistisch gestalteten Innenräume. Einfach himmlisch. In einem nicht minder beachtlich expressionistisch gestalteten Haus warten die Werke der 1876 in Bremen geborenen Malerin Paula Modersohn-Becker auf »Sehleute«. Der Silberschatz der Compagnie der Schwarzen Häupter aus Riga und andere Schätze, wie Werke von Tilman Riemenschneider und Lucas Cranach, sind im Roselius-Haus versteckt. In einem weiteren Gebäude versetzen einen sechs große Bildtafeln des Künstlers Theodor Schulz-Walbaum auf eine einsame Insel. Dem Auftraggeber Ludwig Roselius war nicht entgangen, was in dem bereits 1720 ins Deutsche übersetzten, ein Jahr zuvor in London publizierten Buch *The Life and Strange Surprizing Adventures of Robinson Crusoe* gleich im ersten Absatz steht: *Ich wurde im Jahr 1632 in der Stadt York geboren, von guter Familie, die aber nicht aus diesem Land stammte, denn mein Vater war ein Ausländer aus Bremen.* Die von Daniel Defoe verfasste Geschichte des Robinson Crusoe diente den Kindern hiesiger Kaufleute schon deshalb als willkommene abenteuerliche Unterhaltung, weil sie sich mit dem Aufbruch eines Bremer Sohnes in die Fremde, der vor seiner glücklichen Rückkehr dort auch noch sein Glück gemacht hatte, wunderbar identifizieren konnten.

Am Weserufer und der Schlachte liegt Bremens maritimes Fußgängerreich. Vom Hauptanleger fährt Bremens weiße Flotte in alle Richtungen. Unüberhörbar ist das Glockenspiel der Pfarrkirche St. Martini: *Lobe den Herren, den mächtigen König der Ehren.* Geschrieben wurde es von Joachim Neander, der hier ab 1679 als Hilfs- und Frühprediger wirkte. Ein Bremer Dichter, versteht sich. Neben der alten Seefahrer- und Kaufmannskirche stand früher ein Pfarrhaus, das von 1838 bis 1841 dem aus Barmen gebürtigen Friedrich Engels Unterkunft bot. Sein Vater, ein begüterter Baumwollfabrikant, hatte ihn für eine kaufmännische Ausbildung nach Bremen geschickt. Gleich gegenüber der Kirche, im Patrizierhaus des Großhandelskaufmanns und königlich-sächsischen Konsuls Heinrich Leupold, nahm Engels die Welt vom Kontorbock aus in Augenschein und arbeitete sich in den Leinengroßhandel, das Importgeschäft mit Kaffee und Zigarren sowie in gesellschaftspolitische Themenfelder ein.

In Schillers *Xenien* heißt es über die Weser: *Leider von mir ist gar nichts zu sagen, auch zu dem kleinsten Epigramme, bedenkt! geb ich der Muse nicht Stoff!* Na ja, mokant abfällige Fehleinschätzungen beleben seit jeher das literarische Geschäft. Wo heute entlang des Flusses eine Flanier- und Gastromeile für Trubel und Heiterkeit sorgt, legten bis zum Ausbau der Freihäfen in den achtziger Jahren des neunzehnten Jahrhunderts die vollgeladenen Leichter an. Und nicht zu knapp, wie ein um 1840 anonym publizierter Bericht über die Schlachte verdeutlicht: *Hier ist alles*

Leben und Bewegung. Zwanzig Krahne sind in beständiger Bewegung. Tausende von Fässern und Ballen liegen hier aufgeschichtet, werden ein und ausgeladen. Arbeiter, Packknechte, Schiffsknechte, Rheder und Mäkler drängen sich durcheinander... Ein Wald von Masten, so weit das Auge reicht. Unterhalb der Ufermauer liegen alte und historisch anmutende Schiffe – etwa der Hafenrundfahrtsdampfer Friedrich, Nachbauten der Hansekogge und eines Weserkahns sowie des Dampfschiffes Weser von 1816. Die auf der Werft von Johann Lange in Vegesack erbaute Weser war – wie könnte es in Bremen anders sein – das erste deutsche Dampfschiff.

An der Schlachte beweist der Blick flussabwärts, dass Bremen über die Braustätte eines *Spitzen-Pilsener von Welt* und der regional vertriebenen Haake-Beck-Biere verfügt. Bei günstigem Wind kommt auch der Geruchssinn voll auf seine Kosten. Der weithin sichtbare Schriftzug an einem hohen Bürohaus an der Weser erhellt Wirtschaftskennern, warum von meinen Landsleuten beileibe nicht nur *Kennerdurst* gelöscht wird. Denn Bremen, so heißt es in einschlägigen Kreisen, glänzt als *Capital of Branding.* Nüchtern ausgedrückt, die hiesige Genuss- und Lebensmittelbranche gilt als eine der ersten europäischen Adressen. Ich erwähne nur Milka, Mirácoli, Philadelphia, Milram, Frosta und Jacobs Krönung sowie Marken wie Beck's, Kellogg's, Nordsee, Hachez, Melitta, Azul, Onko, HAG und andere mehr.

Zwischen großer und kleiner Weser liegt der Teerhof.

Hier wurden früher die Schiffe kalfatert und später Speicher errichtet. Seit 1991 präsentiert in einem mit neogotischen Türmen aufwartenden ehemaligen Werkgebäude das erste europäische Sammlermuseum für zeitgenössische Kunst seine Schätze. Das Neue Museum Weserburg schließt wechselnde private Sammler sowohl als Leihgeber wie auch als engagierte Mittler moderner Kunst mit der Öffentlichkeit kurz, ohne die darbenden Bremer Kassen zu belasten. Typisch bremisch eben. Weiter flussaufwärts, auf dem Stadtwerder links der Weser, residiert neben vielen Rudervereinen die Seenotleitung nebst Reparaturwerft der 1865 gegründeten Deutschen Gesellschaft zur Rettung Schiffbrüchiger. Die markante »umgedrehte Kommode« mit ihren vier Ecktürmen diente der Stadt lange als Wasserwerk. Heute bildet sie das steinern rot leuchtende »Möbelstück« eines neuen Wohnquartiers. Zwischen der Wilhelm-Kaisen-Brücke und den Wallanlagen versteckt sich das verträumteste altstädtische Fußgängerreich, das Schnoorviertel. Beim Packhaustheater steht die Bronzefigur des 1909 verblichenen stadtbekannten Originals Heini Holtenbeen. Der Mann mit dem Holzbein war berüchtigt für hintersinnige Schnäcke wie: *Meine Herrens, meine Damens, guten Tag, meine Herrens, große Neuigkeit! Im Hafen ist ein Schiff mit Indigo ausgelaufen, der ganze Hafen ist blau …* Ob Heini wusste, dass der Schnoor im Mittelalter das Hafenquartier der Stadt war? Hier floss einst die Balge, ein längst zugeschütteter Nebenarm der Weser. Wo heute die Gasse Hinter der

Balge verläuft, legten bis zum Ausbau der Schlachte die Handelsschiffe an.

Die zum Teil mehr als vierhundert Jahre alten spitzgiebeligen Häuser des Viertels lehnen eng und schief aneinander und verkünden ihr Entstehungsjahr über Türen, die offenbar nicht für hochgeschossene Menschen unserer Tage getischlert wurden. Die Gasse Schnoor hat ihren Namen von der mittelalterlichen Richtschnur des Zimmermanns und zieht sich entsprechend durch das von engen Pfaden, Pforten und winkligen Gassen gegliederte Quartier. Letztere tragen zwar so furchterregende Namen wie Marterburg, Wüstestätte oder Hinter der Holzpforte; Befürchtungen, man würde hier stante pede auf Leute stoßen, die bremisch giften *Ich geev di een op de Nieskapsel*, wären aber übertrieben. Ganz im Gegenteil. Die Schwärme von Touristen, die täglich durch das Quartier streifen, sind absolut willkommen. Für Skat spielende Einheimische ist eine nach Kaiser Friedrich benannte altehrwürdige Einkehrstätte ein beliebtes Ziel. Mehr Schleichwerbung mache ich nicht; die haben die Leib und Seele labenden Gastronomiebetriebe der Hansestadt ohnehin nicht nötig.

Im Schnoor residiert das von den nördlichen Bundesländern mitgetragene Institut für Niederdeutsche Sprache. Auf dem winkligen Vorplatz grüßt der nach einer Romanfigur von Georg Droste benannte Ottjen-Alldag-Brunnen. In der vor hundert Jahren publizierten Trilogie *Ottjen Alldag* des blinden Korbmachers tönt es im echten

Bremer Platt: *Un da weur maln Handwarksborsche, und de har keen Arbeit nich und weer bannig hungrig. Un da füngte he an to bedel und da kömte he in een Hus und fragte – habense woll'n büschen Schlafgeld for mir? Ne, musst füdder gaan. Fragter – hebense woll'n büschen was zu essen for mir? Ne, musst füdder gaan.* Ottjen könnte dieser Tage nun als Nächstes die Wüstestätte und das dort gelegene Geschichtenhaus ansteuern. Es hat seinen Sitz im St. Jakobus Packhaus – beglaubigt durch eine in die obere Fassade eingelassene Figur des Pilgerheiligen, schließlich verfrachteten Bremer Schiffe einst viele Wallfahrer nach Santiago de Compostela. In dem »lebendigen Museum« wird – im Rahmen einer Maßnahme für arbeitslose Menschen – Bremer Stadtgeschichte dargeboten, erhalten längst verblichene Originale wie Heini Holtenbeen, Fisch-Lucie und andere mehr eine Art zweites Leben, gibt es frisch gerösteten Kaffee und einige bremische Spezialitäten zu kosten.

Daß in Bremen eine eigene, zum Theil ganz eigenthümliche Zubereitung der Speisen stattfindet, steht schon in Betty Gleims Bremer Kochbuch von 1808. Ich versuche mich mal an der Wiedergabe der vollen Bandbreite: Bremer Babbeler (Lutschstangen aus Sirup und Pfefferminzöl), Bremer Klaben (laut Gottfried Benn keine *vulgär-zuckerüberladene Dresdener, sondern die vornehm zurückhaltende, innerlich geladene Bremer* Stolle), Bremer Kaffeebrot (Weißbrot mit Süßem), Bremer Zwieback (sechseckiges Gebäck), Bremer Kluten (viereckiges Pfefferminzzuckerstäbchen mit Schokoladenguss), Knipp (kross gebratene durchgedrehte Fleischreste mit Hafergrütze), Labskaus (Seemannsessen mit Spiegelei), Stint (fingergroßer Raubfisch aus der Weser, der in Roggenmehl gewälzt gebraten wird), Bremer Kükenragout (zartes Hühnerfleisch, angereichert mit Hackbällchen), Pluckte Finken (deftiger Eintopf), Braunkohl mit Bremer (!) Pinkel (genusspflichtige Nationalspeise), Rote Grütze (feinsäuerliche Süßspeise aus Waldfrüchten) und natürlich Matjes aus den Niederlanden. Die um den Junibeginn startende hohe Zeit des Matjes wird in Deutschland erst dann offiziell freigegeben, wenn das – selbstverständlich von Bremer Fischhändlern vollzogene – Saisoneröffnungsritual über die Bühne gegangen ist.

Beim Amtsfischerhaus – für die Weser zuständige Fischer lebten lange im Schnoor – wird einer meiner Lieblingslektüren von Wilhelm Busch gedacht. *Fipps, der Affe* heißt sie, und sie ist schon deshalb herrlich, weil sich in ihr ein Bremer Schiffer *(er schrieb sich Schmidt)* als Entführer betätigt. Ich erwähne nur:

Zu Bremen lebt gewandt und still
Als ein Friseur der Meister Krüll ...

Apropos Friseur. Bereits im Mittelalter gingen am Stavendamm des Haare- und Bartschneidens fähige Bader ihrer Arbeit nach. Der Name der Straße – »Staven« bezeichnet eine beheizte Stube – legt nahe, dass hier kuschelige

Örtlichkeiten auf Kundschaft warteten. Zur Klientel der Bader gehörten vor allem die Seeleute, die nach längeren Reisen ihr Haar scheren lassen und ein entspannendes Bad in hölzernen Wannen genießen wollten. Und nicht nur das. Speisen und Getränke wurden gereicht, Reiberinnen übernahmen das Trockenrubbeln und was die Phantasie sonst noch hergibt. Ein bronzenes Pärchen im Brunnen am Stavendamm bespritzt sich heute noch – ich meine die Plastik *Beim Bade* von Jürgen Cominotto.

In der Gasse Langewieren erhebt sich die im späten vierzehnten Jahrhundert errichtete Kirche St. Johann. Sie diente zunächst als Klosterkirche der Bettelmönche. Seit 1816 wird sie als Probsteikirche von der katholischen Gemeinde genutzt. Die Zahl der Katholiken hielt sich im streng protestantischen Bremen lange in engen Grenzen – erst seit einigen Jahrzehnten steigt sie wahrnehmbar, weil immer mehr Menschen aus Regionen zuziehen, in denen der Papst die Oberhand behalten hat. Vor dem aus sichtbaren Gründen denkmalgeschützten Gebäude des ehemaligen Landherrn-Amts an der Dechanatstraße steht seit 1982 das von Hans D. Voss entworfene Mahnmal für die Opfer der »Reichskristallnacht«. Der schwarz gefärbte Betonkubus benennt die fünf Mitglieder der jüdischen Gemeinde, die in der Nacht vom 9./10. November 1938 von SA-Leuten ermordet wurden. In jener Nacht zerstörten die Nazihorden auch die damals im Schnoorviertel gelegene Hauptsynagoge.

Juden sind in der Hansestadt seit dem vierzehnten

Jahrhundert bezeugt, sie besaßen jedoch kein Wohnrecht. Erst ab 1848 konnten sie gleichberechtigte Bürger werden. Aufgrund der restriktiven bremischen Praxis hielt sich das Wachstum der 1803 gegründeten jüdischen Gemeinde in engen Grenzen. In seinem das Bremer Patriziat hinterleuchtenden Roman *Melchior* thematisiert der zionistische Autor Josef Kastein, worauf das Fehlen einer blühenden jüdischen Einwohnerschaft zu Beginn der »goldenen« zwanziger Jahre in Bremen hinauslief. Ein Streitgespräch von Vater und Sohn Krämer endet im folgenden Wortwechsel:

»Bremen ist eine Stadt, die noch wächst …«

»Laß dir gesagt sein, Vater, sie wächst nicht. Nicht mehr. Sie kann Geld und Ware, vielleicht auch Kultur stapeln und diese und jene Industrie hinzubekommen. Das ist alles. Der Teig ist fertig geknetet. Aber er geht nicht mehr auf. Es fehlt die Hefe dafür.«

»Was meinst du mit Hefe?«

»Die Juden meine ich.«

»Gott soll uns bewahren!« rief Albert Krämer entsetzt.

»Amen«, fügte der Sohn trocken hinzu. »Warum ist Hamburg größer geworden als Bremen? Nicht nur, weil es näher am Meere liegt.«

Josef Kastein genoss während der zwanziger und frühen dreißiger Jahre weltweite Anerkennung. Seine zuerst von Ernst Rowohlt verlegten Bücher zur jüdischen Geschichte erzielten hohe Auflagen. Der Bremer Autor wuchs in der Alt- und Neustadt unter dem bürgerlichen Namen Julius

Katzenstein auf. Ende der zwanziger Jahre wanderte er aus. Kastein starb 1946 verarmt in Haifa. Die Benennung einer Straße nach diesem bedeutenden Sohn der Hansestadt steht noch aus. 1933 lebten in Bremen circa 1500 Glaubensjuden. Bis zum Sommer 1941, als die Auswanderung verboten wurde und Deportation und Vernichtung begannen, waren zwei Drittel von ihnen ins Ausland geflüchtet. Im November 1941 wurden die meisten der noch in der Stadt gebliebenen jüdischen Bürgerinnen und Bürger unter dem Vorwand eines Arbeitseinsatzes nach Minsk verbracht und getötet. Als Bremen im April 1945 befreit wurde, hatte kaum einer der nicht geflüchteten jüdischen Einwohner den Terror überlebt. Dem Vergessen aller Opfer der NS-Gewaltherrschaft wirken die »Stolpersteine« entgegen. Weit über fünfhundert der kleinen Quader mit informierenden Messingtafeln des Initiators und Bildhauers Günter Demnig wurden allein bis 2011 vor Bremer Häusern in den Bürgersteig gesetzt.

Zum *Reich von märchenhaftem Ruhme* gehört auch die Domsheide, ein von monumentaler Gründerzeitarchitektur geprägter Knotenpunkt von Bussen und Straßenbahnen. Das 1928 – sozusagen außerhalb gründerzeitlicher Konkurrenz – erbaute Konzerthaus »Die Glocke« steht in einer weit zurückreichenden Tradition bremischer Logen- und Gesellschaftshäuser. Bremen hat als eine der führenden Musikhochburgen Deutschlands neben vielen Chören philharmonische und kammermusikalische Hörvergnügen vom Feinsten zu bieten. Wie sich die Bremer bei Konzerten verhalten, spießte der Jurist Albert H. Post 1872 in anonym publizierten Versen unter dem Titel *Bremer Leben* irgendwie zeitlos auf:

Mühsam lassen sie das Plappern,
Bis der letzte Ton vorbei ist,
Und man sieht's an den Gesichtern
Daß es Alles einerlei ist.
Doch kommt eine Harfenistin,
Jung und etwas ausgeschnitten,
Ei! Das ist schon etwas Andres,
Die ist immer gern gelitten.

Die mit zahlreichen Allegorien geschmückte Fassade des Gerichtshauses muss Genießern ungewöhnlicher Symboliken eine Sünde wert sein. Kein Scherz, hier wird ein Ausbrecher mit den Worten dargestellt: *Es lebe die Freiheit!* Das trutzburgige ehemalige Polizeihaus am Wall wird heute nicht von Uniformen, sondern von Bücherrücken beherrscht, ist Sitz der Zentralbibliothek – mit gediegener Krimibibliothek. Hinter der kleinen Toreinfahrt an der Buchtstraße liegt ein Innenhof, der im Krieg als Lagerstätte für Munition genutzt wurde. Sie explodierte im Juni 1945 und riss 47 Menschen in den Tod. In Mario Puzos erstem Roman *Die dunkle Arena* heißt es: *Kurz vor Mittag ... war das Polizeipräsidium in die Luft geflogen ... Immer noch strömten deutsche Beamte mit staubbedeckten Gesichtern und Kleidern aus dem Haupttor. Einige*

Frauen, die offenbar einen Schock erlitten hatten, weinten hysterisch. Puzo gehörte zu den Besatzungssoldaten in der Hansestadt. Auch bei ihm legte Bremen den Nährboden für eine große Karriere – sein Bestseller *Der Pate* machte ihn später weltbekannt.

Gegenüber der Zentralbibliothek bettet sich die von einem privaten Verein und Mäzenen getragene, international hochgeschätzte Bremer Kunsthalle ins Grün der Wallanlagen. Sie bildet den Auftakt der ins trendige Ostertor-Viertel reichenden Museumsmeile. Jochen Schimmangs Düsseldorfer Protagonist Harm Oetken sah sich bei Bremenbesuchen in der Kunsthalle gern die Bilder Max Liebermanns an, vor allem die Papageienallee. Eines Tages stand Oetken wieder vor dem Bild und dachte alles Mögliche, dachte, dass es früher doch einfacher gewesen sei, einen Bürger darzustellen. *Alle diese Überlegungen faßte er als Zeichen einer gewissen Erschöpfung auf, und es galt, diese Erschöpfung richtig zu deuten. In ihm wuchs der Gedanke, sich zur Ruhe setzen, und zwar sofort, und zwar in Bremen.* Wenn das kein nachahmenswerter Entschluss ist, was dann? In der seit 1849 geöffneten Kunsthalle hängen viele eindrucksvolle Klassiker der Moderne, hatte sich doch der langjährige Kunsthallendirektor Gustav Pauli dem Erwerb von Meisterwerken verschrieben. Seine Frau publizierte unter dem Pseudonym Marga Berck die von Radio Bremen verfilmte Romanze *Sommer in Lesmona*. Am Stadtgraben stehen sich ein Wacht- und ein Akzisehaus aus den Jahren 1825 und 1828 gegenüber – sie sind so etwas wie die bremische Interpretation von Schinkels Neuer Wache. In dem Akzisehaus wird ein großer Teil des Lebenswerkes von Gerhard Marcks verwahrt und ausgestellt, dessen Freiplastik der *Bremer Stadtmusikanten* für ihn und sich spricht. Das Wilhelm-Wagenfeld-Haus dient als Design-Zentrum und betreut den Nachlass des gebürtigen Bremer Pioniers der industriellen Produktbetreuung. Einige von Wagenfelds über sechshundert Entwürfen sind Klassiker und werden nach wie vor hergestellt. Im zum Mahnmal umfunktionierten Seitentrakt sind Gefängniszellen erhalten geblieben, in denen im neunzehnten Jahrhundert auch Frauen schmachteten. Die Giftmörderin Gesche Gottfried saß hier ebenso ein wie die Schriftstellerin und Mitbegründerin des Bremer Frauen-Erwerbs- und Ausbildungsvereins, Marie Mindermann. Sie hatte 1848 in anonym herausgegebenen Streitschriften heftig die Demokratiefeindlichkeit des Bremer Senats kritisiert und uneingeschränkte Pressefreiheit gefordert. Während der Nazizeit schindete die Gestapo eine nicht genau bekannte Anzahl von Häftlingen zu Tode. Fritz Cremers *Freiheitskämpfer* steht neben der Wache an der frischen Luft. Der Künstler schuf ihn 1946 *als die erste Arbeit nach der Nazi-Höllenfahrt.*

IN WALLE WOHN' SE ALLE?

Der Bremer besitzt ein Einfamilienhaus mit einem wohlgeordneten blumenbunten Ziergarten davor und einem ertragreichen Obstgarten ... dahinter. Diese vielzitierte Feststellung des unvergessenen Karl Lerbs hat einen kleinen Haken. Statistisch nüchtern beträgt die hiesige Eigentumsquote rund 36 Prozent. Das präferierte Zuhause der Bremerinnen und Bremer liegt außerhalb der Altstadt. Eine Ausnahme bildet das im Krieg zerstörte altstädtische Stephaniviertel jenseits der Großkreuzung am Brill, wo auch Wohnhäuser zu finden sind. Hier wurden jüngst Radio Bremen und die Volkshochschule angesiedelt, um die etwas ins Abseits geratene Gegend zu beleben. Die VHS residiert im »Bambüdel«, dem lobenswert restaurierten, einst sehr beliebten Warenhaus des von den Nazis vertriebenen Besitzers Julius Bamberger.

Wer mit Bremerinnen und Bremern ins Gespräch kommt, und das geht mit einem freundlichen »Moijn« auf den Lippen problemlos, erlebt im Zweifelsfall einen typisch bremischen Spagat. Und der geht so: Wenn mich jemand fragt, woher ich komme, antworte ich mit der größten Selbstverständlichkeit: Ich bin Bremer. – Kleine Pause. – Ich wohne im Viertel. Wenn jemand mit »Viertel« nicht viel anfangen kann, formuliere ich präziser:

Ich bin ein Ostertor'scher. Wer eine alteingesessene Anwohnerin am Torfhafen in Findorff fragt, wird hingegen wohl zu hören bekommen: Ich bin eine Findorfferin. – Kleine Pause. – Na ja, auch Bremerin. Es gibt sogar Leute, die Bremen gar nicht erwähnen: Ich bin aus Habenhausen – Punkt. Es gibt übrigens 89 Ortsteile …

Bremen zählt 23 Stadtteile, die in der Regel wenigstens nebenbei genannt werden, wenn im Gespräch die genauere Identitätsbestimmung eines bremischen Einwohners auf dem Fuße folgt. Die drei nördlichen, Burglesum, Vegesack und Blumenthal, bilden so etwas wie eine Exklave, deshalb firmieren sie unter Bremen-Nord, netter: Bremer Schweiz (*nett*, das nur nebenbei, ist in Bremen alles Lobenswerte. Darüber geht nix).

Nicht gerade nett hieß es in Bremen lange: *In Walle wohn' se alle*. Historisch eint Walle etwa mit Oberneuland das jahrhundertelange Dasein als kleines Dorf im Umland Bremens. Was die beiden Stadtteile heute unterscheidet, ist allerhand. Die Oberneulander leben zum Beispiel viel weiter weg von Bremens guter Stube als die Leute in Walle, und sie haben keine Straßenbahnhaltestellen. Allerdings gibt es in Oberneuland viel mehr edel bestückte Doppelgaragen als in Walle und sind die Häuser, Grundstücke und Mietwohnungen empfindlich teurer. Wobei es im neuen Waller Quartier, der rasant wachsenden Überseestadt, in einem umgebauten Speicher edle Lofts gibt, deren Bewohner sogar über eine Art Autoschlafzimmer verfügen, das mit einem der alten Lastenaufzüge angefahren werden kann. Im Übrigen riecht es im auch viel ruhigeren Oberneuland garantiert nicht nach Fischmehl, in einigen Quartieren Walles aber schon – im nahen Holz- und Fabrikenhafen wird neben Kaffee und Getreide so viel Fischmehl umgeschlagen wie nirgendwo sonst in Europa.

Bremen unterscheidet sich von anderen Großstädten zwar nicht im Hinblick auf all das, was gemeinhin eine Großstadt ausmacht. Nicht zuletzt das selbst in wohlhabenden Städten seit Jahren zunehmende, von Soziologen als »residenzielle Segregation« bezeichnete Auseinanderdriften von besser und schlechter gestellten Stadt- und Ortsteilen schreit nach Gegenmaßnahmen. Stadtplanerisch und architektonisch führt Bremen allerdings etwas ins Feld, was man so in anderen Großstädten nicht sieht. Wo sonst, wenn nicht in Bremen, gäbe es schließlich das Bremer Haus? Wo sonst gäbe es eine Neue Vahr, die das als *Charta von Athen* in die Geschichte eingegangene Siedlungsmodell in Reinkultur repräsentiert?

Die große Zeit des Bremer Hauses begann um 1860, als die neues Bauland bietenden Vorstädte außerhalb der Wallanlagen von der Hansestadt eingegliedert wurden und zugleich die überfällige rechtliche Gleichstellung der Vorstadt- mit den Stadtbürgern erfolgte. Während andernorts im Zuge von Industrialisierung und enormem Bevölkerungswachstum riesige Mietskasernen in die neuen Wohnviertel gesetzt wurden, entschieden sich die Bremer Stadtväter für einen Sonderweg. *Es kann nicht be-*

stritten werden, daß die Wohnungsverhältnisse in Bremen eigenartig sind und sich in mancher Hinsicht vorteilhaft abheben von denen anderer Großstädte, kommentierte 1904 Friedrich Ebert in der Bürgerschaft das Geschehen. In Bremens Vorstädten entstanden fast durchweg zweistöckige Reihenhäuser. Prächtige freistehende Villen bestätigen die Regel. Die unzähligen als Altbremer Haus gerühmten, sich in zumeist geraden, rechtwinklig aufeinandertreffenden Straßen endlos hinziehenden Wohnbauten verdanken ihre Entstehung spezifisch bremischen Regelungen. Jedenfalls konnten die Bauunternehmer in die Vollen gehen. Eine jahrzehntelang während *Speculations- und Bauwuth* war die Folge; die Gewinnspannen von Bauunternehmern wie Lüder Rutenberg waren beträchtlich.

Das Bremer (Reihen-)Haus wurde für gutbetuchte Kaufleute ebenso gebaut wie für Beamte, Angestellte, Handwerker und Arbeiter. Für Letztere, für die *arbeitende Classe,* errichteten die Bauherren materialtechnisch billige, handtuchschmale und meist einstöckige Häuser. In den mit dem Hafenausbau rasch wachsenden Arbeiterquartieren im Bremer Westen sind die Häuser keine fünf Meter breit, während sie sich etwa im vorderen Teil der östlichen Vorstadt und Schwachhausens, wo die Patrizier und Gutverdiener Einzug hielten, auf bis zu zwölf Meter erstrecken. Einmalig in Europa sind die vielen Wintergärten. Sie waren längst vor den heute geforderten Energiesparmaßnahmen ein willkommener

Sonnenkollektor und Wärmepuffer. Typisch sind die mit vielfältigem Zementstuck bestückten und durch Portale, Vor- und Rücksprünge, Frauenfiguren und so weiter das Straßenbild bestimmenden Schauseiten. Sie verraten nicht zuletzt die Epoche, in der die oft in Ensembles gebauten Reihenhäuser entstanden sind. Kenner können klassische Formen der Antike ebenso vorfinden wie gründerzeitlich-barock überladene oder vom Jugendstil und Werkbund beeinflusste.

Wer erkunden möchte, wie viel Staat heutzutage mit einem Altbremer Haus gemacht werden kann oder eben auch nicht – nicht jede Modernisierungsmaßnahme wirkt gelungen –, der kann sich in der Hansestadt tagelang durch die Straßen treiben lassen und sich satt-sehen. Die sich dafür anbietenden Quartiere nahe dem Zentrum liegen in den Stadtteilen Mitte (Ostertor mit Milchquartier), Östliche Vorstadt, Schwachhausen, Findorff und Neustadt. Nachkriegsbauten, die sich immer wieder zwischen die Altbremer Häuser schieben, erinnern an die heftige Bombardierung im Zweiten Weltkrieg. Bremen war 1939 sowohl eine bedeutende Hafenstadt wie eine Hochburg der Rüstungsindustrie. Der von Hitler und seinen Gefolgsleuten der Welt erklärte »totale Krieg« hatte für die Hansestadt verheerende Folgen. Sie wurde durch 173 Luftangriffe zu 62 Prozent zerstört. Während die Altstadt den größten Teil der sie bis dahin prägenden prächtigen Bürger- und Packhäuser verlor, wurde das Hafengebiet samt den Arbeiterwohngebieten im Bremer

Westen mit neunzig Prozent fast komplett in Schutt und Asche gelegt.

Die von viel Grün und Wasserläufen durchzogene Neue Vahr entstand ab 1955 – im Jahr 1961 feierten die Männer vom Bau mit den Politikern *das größte Bauvorhaben im sozialen Wohnungsbau*. Es ging sogar als europaweit einzigartiges Modellprojekt in die Geschichte ein. Die gemäß der *Charta von Athen* aufgelockert konzipierte *Stadt von morgen*, in der relativ schmucklose zwei- bis viergeschossige Wohnhäuser sich um ein Hochhaus zu sogenannten Nachbarschaften gruppieren, ist eine so beeindruckende wie ernüchternde Leistung. Das 65 Meter hohe, von Alvar Aalto entworfene Wohngebäude nahe dem Vahrer Bürgerzentrum war eine Zeit lang das höchste deutsche und steht unter Denkmalschutz. In Sven Regners Roman *Neue Vahr Süd* erweist sich Frank Lehmann als Sohn des Viertels: *Irgendwas ist schiefgelaufen, dachte er und setzte sich, des Schlenderns durch das Einkaufszentrum Berliner Freiheit müde geworden, auf eine Mauer mit Blick auf den Vorplatz des Bürgerzentrums, soviel ist mal klar.* Die in Bremen beliebte Ankündigung: *Ich geh noch mal um 'n Pudding* läuft in der Vahr genau auf das hinaus, was andernorts ohnehin damit gemeint ist – auf eine Runde um den Block.

Im angrenzenden Stadtteil Osterholz sorgte 1972 das *Demonstrativ-Bauvorhaben* Osterholz-Tenever für bundesweites Aufsehen. Loriot lieferte es für seinen Sketch *Gran Paradiso* den passenden Hintergrund. Bremen würde sich zu einer Millionenstadt entwickeln, glaubten die Planer damals, und kopierten das US-Beispiel der urban hochverdichteten Bauweise, vom Volksmund treffend mit *Klein-Manhattan* übersetzt. Das Mammutprojekt an der lärmreichen Autobahn geriet zum Fiasko – ein gutes Drittel der unwirtlichen Betonblöcke musste mangels Mieternachfrage wieder abgerissen werden. Sanierungsmaßnahmen, die Errichtung von Lärmschutzwänden und Anwohnerinitiativen haben inzwischen für akzeptablere Lebensbedingungen gesorgt.

Bremen ist eine Großstadt mit allen dazugehörigen »Schikanen«, will sagen auch mit vom Bildungssystem und Arbeitsmarkt deklassierten Einwohnern. In gut einem Dutzend Ortsteilen lebt die Bevölkerung in »verfestigter« Armut oder in bestenfalls bescheidenen Verhältnissen. Tausende beziehen täglich Lebensmittel von den Ausgabestellen der Bremer Tafel; fast ein Fünftel der Einwohner Bremens ist auf Transfereinkommen angewiesen, und ein Drittel der Kinder macht bedrückende Bekanntschaft mit der Armutsschwelle. Der Senat ist bemüht, die Lage der Menschen zu verbessern; allerdings hat er gegenüber der Bundesebene, wo sich die Steuerkompetenzen konzentrieren, wenig Einflussmöglichkeiten. Zwar können die Länder über den Bundesrat mitentscheiden, Bremen hat aber nur drei Stimmen ... Gezieltes Einwirken ermöglicht die Bildungspolitik – ebendeshalb ist sie in Bremen heiß umstritten. Für die gefestigten Mittelschichten trifft hingegen zu, was ein Immobilienexperte so formuliert: *Bremen hat eine sehr hohe Lebensqualität. Leider wissen das nur wenige. Bremen ist im Grunde ein Geheimtipp.*

ACH, WIE SCHÖN IST DOCH
DAS BREMER LEBEN!

In einem Kontorgebäude an der Schlachte arbeitete im frühen zwanzigsten Jahrhundert der Chefredakteur der *Bremer Nachrichten*, Georg Kunoth. Kenner volkstümlicher Musik werden nun vor sich hin summen: *Ein Prosit, ein Prosit der Gemütlichkeit.* (Weiter östlich, im Weserstadion, dringen hingegen die Töne der Pet Shop Boys ins Ohr: *Steht auf, wenn ihr Bremer seid!*) Schorse Kunoth war wie der Jurist Albert H. Post ein sensibler Kenner des Bremer Lebens. Während der Jurist beschrieb, was Patrizier nach dem Essen zu tun pflegen – *Darauf gähnt man und legt sich zu Bett. Ist doch solch ein Leben wundernett!* –, brachte der Komponist das allgemeine bremische Gefühl auf den Punkt: *Ach, wie schön ist doch das Leben, wenn es schmückt Gemütlichkeit ...* Nach außen hin sichtbar wird die Gemütlichkeit – sogar an eisigkalten Tagen – an den Außentischen beliebter Cafés und Bistros. Viele der Stühle sind mehr oder wenig ganzjährig mit Wolldecken bestückt, Wärmestrahler unter der Beschirmung sorgen bei Kälte für die Erhitzung der Gehirnzellen, und gepafft werden darf auch.

Wenn es draußen absolut ungemütlich wird, geht es ab in gewärmte Kulturstätten. Ehrensache ist der Besuch des Focke-Museums mit seinen Sammlungen und Ausstellungen zur Bremer Geschichte, da kommt man schön gemütlich mit der Straßenbahn hin. Sie fährt auch zu dem über dem Wasser schwebenden futuristisch metallenen Gehäuse des interaktiven Wissenschaftsmuseums Universum bei der Uni.

Schmückt die Bremer Kulturlandschaft Gemütlichkeit? Natürlich doch, allerdings in szene- und kunsttypischen Dosierungen. Während es in der Glocke, dem Stammhaus der Bremer Philharmoniker, bürgerlich-gemütlich zugeht, und das gilt auch für Auftritte der Deutschen Kammerphilharmonie Bremen – laut *New York Sun* das *maßgebende Beethoven-Orchester unserer Zeit* –, hört bei Konzerten, Lesungen oder Partys in Kulturzentren wie etwa dem Schlachthof oder dem Kito in Bremen Nord zuweilen die Gemütlichkeit auf. Im Bremer Theater am Goetheplatz (nebst Neuem Schauspielhaus) kann von schmückender Gemütlichkeit – und Garderobe – bei Operndarbietungen sicherlich, bei modern ausgelegten Stücken nicht so die Rede sein. Die von einigen Theatergängern als ungemütlich empfundenen sechziger Jahre, als der von Intendant Kurt Hübner praktizierte *Bremer Stil* mit Regisseuren wie Rainer Werner Fassbinder und Peter Zadek das Haus zu einem der international innovativsten emporhob, sind zwar ausgeträumt. Die ab 1994 unter Klaus Pierwoß gepflegten Zeiten, in denen das Bremer Theater als *eines der muntersten* in der Republik gerühmt wurde, klingen aber trotz großer Sparzwänge noch nach. Von den äußeren Bedingungen her alles andere als gemütliche, aber genial inszenierte Produktionen steuerte zwischen 1998 und 2007 Johann Kresnik bei. Darunter die im zum Mahnmal erklärten U-Boot-Bunker Valentin aufgeführten *Letzten Tage der Menschheit* und das im alten Güterbahnhof gegebene Stück *Amerika* (nach Franz Kafka). Im Übrigen gilt: *Wer stets zu Haus bleibt, hat nur Witz fürs Haus* – so lautet einer der Werbesprüche der bremer shakespeare company. Sie ist selbst in England so bekannt, dass ich mir rühmende Worte sparen kann. Ab 1965 bewies Radio Bremen mit dem inzwischen legendären Beat-Club, dass die Hansestadt für neue Trends und Formate immer gut ist. Kinoenthusiasten wissen, dass im Ostertor-Viertel mit dem Cinema das erste deutsche Programmkino zu finden ist.

Schön vielfältig ist das Bremer kulturelle Leben. Und alles andere als norddeutsch nüchtern. Es vergeht kein Tag, an dem man sich nicht auf das nächste Ereignis freuen kann. *Ach, wie schön ist doch das Leben,* heißt es in Bremen zumal während der Freimarktszeit, beim Vegesacker Hafenfest, beim Weihnachtsmarkt, beim weltgrößten Bremer Sechstagerennen und der Eiswett-Prüfung am Punkendeich. Bei Deutschlands größtem Samba- und Maskenkarneval sowieso. Wie absolut schön es nach einem gewonnenen Heimspiel gegen Bayern München ist, versteht sich von selbst – *lebenslang grünweiß!* Wer nicht auf Fußball abonniert ist, bringt sich angesichts der Darbietungen der Lateinformation des Bremer Grün-Gold-

Club in Schwung und Laune – die Tänzer sind mehrfache Welt-, Europa- und Deutsche Meister.

Für gefühlte sechzehn- bis circa hundertjährige Bremerinnen und Bremer wird es bei Kohl-und-Pinkel-Fahrten deftig-schön. Dazu gehört eine zünftige Wanderung (nebst Eierbecher um den Hals zum Schnapsfassen) im Freundes- oder Kollegenkreis, die zu einer der vielen Gastwirtschaften im Bremer Grüngürtel führt. Sie sind nach dem ersten Frost darauf spezialisiert, das Bremer Nationalgericht Braunkohl und Pinkel so zünftig und mit allen denkbaren stimmungsfördernden Getränken zu servieren, dass schließlich alle gemütlich werden.

Ach ja, Gemütlichkeit in Mamas Hotel schmückte im Zweifelsfall das Leben all der Junggesellen, die an ihrem dreißigsten Geburtstag dem Bremer Brauch des Domtreppenfegens nachkommen. Schön ist das Leben dann für all die beteiligten Freundinnen und Freunde, die sich nach allen Regeln der (Brau-)Kunst amüsieren und gemächlich abwarten, bis ein junges Mädchen den Feger mit einem Kuss erlöst. Junggesellinnen putzen stattdessen die Klinken des Brautportals – wenn ich das sehe, fröstelt's mich immer, weil Emanzipationsfortschritte doch anders aussehen. Als »lebendiges« Gedächtnis der vielfältigen Beiträge des weiblichen Geschlechts zur gesellschaftlichen Entwicklung fungiert das Bremer Zentrum Belladonna. Es gilt als einmalig in Europa. Ich schlage zum Kennenlernen der Lebenswege »streitbarer Bremerinnen« vor: die in der Friedens- und Frauenbewegung engagierte Auguste Kirchhoff, die erste Bremer Senatorin Käthe Popall und die Politikerin Anna Stiegler. Sie war die erste Bremerin, die ein Staatsbegräbnis erhielt – sie war der *Engel von Ravensbrück*.

Apropos Emanzipation. In Bremen finden alljährlich vier Feste statt, die jeweils Hunderten von Männern zum gemeinsamen Trinken, Essen, Redenhalten und Palavern dienen. Als da wären die 1548 begründete Schaffermahlzeit des Hauses Seefahrt – das *älteste fortbestehende, sich jährlich wiederholende Festmahl der Welt*, das seit 1817 begangene Stiftungsfest der Bremer Eiswette, das 1901 aus der Taufe gehobene Stiftungsfest des Ostasiatischen Vereins und die Zusammenkünfte des Bremer Tabak Kollegiums. Bremen besitzt angeblich keinen Boulevard der Eitelkeiten. Komisch nur, dass sich zu diesen vier Veranstaltungen staats-, wirtschafts- und andere tragende Persönlichkeiten nicht zweimal bitten lassen. Weil Frauen – noch – prinzipiell ausgeschlossen sind, halte ich die Würdigung kurz: Bei der Schaffermahlzeit werden hohe Spendeneinnahmen für die Stiftung Haus Seefahrt, bei der Eiswette für die Deutsche Gesellschaft zur Rettung Schiffbrüchiger erzielt.

Ein aktueller Beleg für das schöne Bremer Leben ist der Befund einer nach San Francisco umgesiedelten Butenbremerin. Sie diktierte dem tonangebenden *Weser-Kurier*: *Bremen ist wie dein Lieblingssofa. Es ist toll und bequem* – das finde ich auch –, *aber wenn du einmal drauf liegst, bekommst du deinen Hintern nicht mehr hoch.* Also, das finde ich pattuh nich. Meine täglich teilnehmende Beobachtung lehrt mich das genaue Gegenteil. Jedenfalls begegnen mir in Bremen beileibe nicht nur Kinder, die über einen Wippsteert gebieten – also Mitmenschen, die ständig auf Achse sind. Selbst die älteren Leute laufen auf den heimeligen Park- und Parzellenwegen wie 'n Tüt (flott) – von ihren Hunden ganz zu schweigen. Weil die Hansestadt zwar unendlich lang, aber nur sechzehn Kilometer breit ist, kommt unsereins mit dem Fahrrad oder auch zu Fuß in Null Komma nix ins Grüne oder zu den vielen Parkanlagen. Übrigens streiten diverse Stadtteile um den Rang, der absolut grünste zu sein. Durchdringend grün ist das Blockland mit dem rund fünfzehn Kilometer langen, kurvenreichen Wümmedeich. Von Borgfeld aus erschließen Rad- und Wanderwege eine weite Auenlandschaft, die mit ihrem Artenreichtum und den rastenden Zugvögeln Bremens größtes Naturschutzgebiet ist. Nicht zu vergessen das als »grünes Herz« gepriesene Oberneuland. Links der Weser locken in Strom die Ochtum und das satte Grün des Niedervielandes sowie das unübersehbar dörflich geprägte Seehausen. Die Bremer Schweiz im Norden gilt als nicht minder grün, obwohl die Grünen, die 1979 – natürlich in Bremen – erstmalig ein deutsches Landesparlament eroberten, hier noch nicht so stark wie etwa im bürgerparknahen Stadtteil Schwachhausen sind.

Der Bremer Bürgerpark samt Stadtwald zählt zu Deutschlands wenigen bestens erhaltenen gartenkünstlerischen Schöpfungen des neunzehnten Jahrhunderts und wird seit jeher von einem Verein finanziert und gepflegt. Mindestens ebenso berauschend ist der Rhododendronpark mit dem Science Center botanika und dem Garten der Menschenrechte. Viele der von Patriziern in der Bremer Schweiz und in Oberneuland angelegten repräsentativen Parks und Gärten sind längst öffentlich. Sie liegen genau da, wo die Luft besser und das Leben ruhiger ist, und heißen entsprechend – Knoops Park zum Beispiel. An halbwegs sonnigen Tagen herrscht auf den Wegen im grünen Gürtel, insbesondere entlang der Wümme und gen Fischerhude und Worpswede, drangvolle Enge – Fußgänger, Jogger, Inlinescater, Rad- und Rollstuhlfahrer, so weit das Auge reicht. Auf den vielen Gewässern sorgen Scharen von Freizeitkapitänen für das gleiche Bild – nur eben mit Segel-, Ruder-, Falt- und Motorbooten, von weltweit gerühmten Bremer Bootswerften gebaute Yachten eingeschlossen. Die über die ganze Stadt verstreuten, zum Teil weitflächigen Parzellengebiete mit den abgezirkelten Gärten saugen zu jeder Jahreszeit Familien, Paare und Singles aus ihren Wohnungen. (Was Wunder, die Satzungen der Kleingärtnervereine kennen hinsichtlich von Gestaltung und Heckenpflege kein Pardon.) Und wenn es im Winter einige Tage lang Stein und Bein gefroren hat, werden vor allem in der grandiosen Semkenfahrt die künstlich aufgestauten Flächen von Zigtausenden Schlittschuhläufern unter die Kufen genommen.

Zu guter Letzt darf das Wichtigste nicht fehlen – eine kleine Beleuchtung des Bremers an sich. Die Schauspielerin Sabine Postel aus Neustadt am Rübenberge – Millionen *Tatort*-Zuschauern als Bremer Hauptkommissarin Inga Lürsen vertraut – kennt sich mit uns Weserhanseaten aus: *Ich liebe die ... Bremer besonders, weil sie einen guten trockenen Humor haben und weil sie gradlinig sind, schnörkellos und unheimlich herzlich.* Damit ist alles gesagt. Besonders gradlinig sind Einwohner, die sich als »Tagenbaren« bezeichnen können. Als solche gelten gängigen Ratgebern zufolge Bremerinnen und Bremer, deren Eltern- und beide Großelternteile in der Hansestadt geboren (baren) und aufgewachsen (tagen) sind. Ich bevorzuge die ursprüngliche Bedeutung: *Erzeugt und geboren in Bremen*; wobei ich dafür plädiere, das schwer nachprüfbare Kriterium »erzeugt« zu streichen. Für Personaldokumente wird ohnehin nur der Geburtsort abgefragt. Welchen Unterschied es macht, nicht irgendwo, sondern in Bremen geboren zu sein, erhellt eindrücklich der objektive Lübecker Hanseat Thomas Mann. In seiner Novelle *Tristan* zieht der Dichter Detlev Spinell die Kaufmannsgattin Gabriele Klöterjahn so ins Gespräch: *Sie wurden in Bremen geboren? Und diese Frage tat er beinahe tonlos, mit einem ehrfurchtsvollen und inhaltsschweren Ausdruck, als sei Bremen eine Stadt ohnegleichen, eine Stadt voller unnennbarer Abenteuer und verschwiegener Schönheiten, in der geboren zu sein eine geheimnisvolle Hoheit verleihe.* »*Ja denken Sie!*« *sagte sie unwillkürlich.* »*Ich bin aus Bremen.*«

REGISTER